Volker U. Meinel
Die 222 wichtigsten Fragen zu Derivaten

Volker U. Meinel
Die 222 wichtigsten Fragen zu Derivaten

FinanzBuch Verlag

Bibliografische Information der Deutschen Bibliothek:
Die Deutsche Bibliothek verzeichnet diese Publikation in der
Deutschen Nationalbibliografie; detaillierte bibliografische Daten
sind im Internet über **http://dnb.ddb.de** abrufbar.

Gesamtbearbeitung: Agentur MCP, Holzkirchen
Lektorat: Nicole Luzar
Covergestaltung: Judith Wittmann
Druck: Druckerei Joh. Walch, Augsburg

1. Auflage 2007
© 2007 FinanzBuch Verlag GmbH
Frundsbergstraße 23
80634 München
Tel.: 089 651285-0
Fax: 089 652096

Alle Rechte, einschließlich derjenigen des auszugsweisen Abdrucks
sowie der photomechanischen und elektronischen Wiedergabe, vorbehalten.
Dieses Buch will keine spezifischen Anlage-Empfehlungen geben und
enthält lediglich allgemeine Hinweise.
Autor, Herausgeber und die zitierten Quellen haften nicht für etwaige Verluste,
die aufgrund der Umsetzung ihrer Gedanken und Ideen entstehen.

Den Autor erreichen Sie unter:
meinel@finanzbuchverlag.de

ISBN 978-3-89879-211-0

Weitere Infos zum Thema

www.finanzbuchverlag.de
Gerne übersenden wir Ihnen unser aktuelles Verlagsprogramm

„Anleger können ihre Anlageziele unabhängig von der Risikoneigung wesentlich einfacher und zielsicherer über eine derivative Investmentstrategie erreichen, als mit einer klassischen Streuung in Aktien und Anleihen."

Die Welt, September 2004

„Mit Derivaten können Anleger ihre individuelle Anlagestrategie sehr exakt umsetzen. Besonders das Verlustrisiko lässt sich strikt begrenzen."

European Business School

Inhaltsverzeichnis

	Vorwort	**19**
I	**Auswahl**	**21**

Kann jeder ein Derivat kaufen?..21

Kann ich eventuell komplett auf Aktien verzichten?..22

Warum denken viele Anleger immer noch nur an Fonds, wenn es
um Kapitalmarktanlage geht?...22

Kann ich Derivate auch für die Altersvorsorge heranziehen?..........................23

Das Thema Derivate scheint mir sehr komplex. Wie lange benötige ich,
um mich einzuarbeiten?...23

Fast täglich kommen neue Produkte und neue Produktideen an den Markt.
Wie soll ich da vor lauter Bäumen noch den Wald erkennen?........................24

Wie finde ich den richtigen Emittenten für mich?...24

Welche Laufzeit soll ich für mein Produkt wählen?..25

Kann ich auch dann gewinnen, wenn die Aktie sich gar nicht bewegt?........25

Wann sollte ich überhaupt ein Diskont-Zertifikat kaufen?..............................26

Kürzlich habe ich gelesen, dass ein Diskont-Zertifikat eine gute Alternative
für Tagesgeld sei. Stimmt das?...26

Ich habe von einer Weiterentwicklung des Diskont-Zertifikates gehört,
so genannte Diskont-Plus-Zertifikate. Sind diese attraktiver?.........................27

Sind Optionsscheine nur etwas für Spekulanten und Kurzfristanleger?.........27

Gibt es eine Faustformel für die Auswahl des richtigen Optionsscheines?....28

Es gibt so viele Optionsscheine auf den DAX, wie soll ich mich da für einen
bestimmten Schein entscheiden?..28

Kaufen Sie selbst Derivate?..29

Ich habe gehört, Knock-Out-Scheine seien attraktiver als normale
Optionsscheine. Ist das so?..29

Welches Strategie-Zertifikat können Sie mir empfehlen? 30

Nun kann man ja auch auf die Zinsentwicklung spekulieren. Angenommen, ich glaube an steigende Zinsen im Euroraum, was muss ich dann kaufen? 30

Es gibt Derivate mit unterschiedlichen Chance-Risiko-Profilen. Können Sie mir eine Grobstruktur aufzeigen, damit ich mich zurechtfinde? 31

Manche Produktneuheiten werden über ein so genanntes Back-Testing angeboten, das heißt: Zurückgerechnet schien die Strategie, die hinter dem Zertifikat steht, erfolgreich. Reicht das, um ein Produkt zu kaufen? 31

Gibt es eine Liste von den wichtigsten Fragen, die ich für mich beantworten muss, bevor ich ein Investment tätige? 32

Alle reden über Bonus-Zertifikate. Sind die Produkte wirklich ein Allheilmittel? 32

Welche Barriere sollte ich bei der Auswahl des richtigen Bonus-Zertifikates wählen? 33

Wenn es bei meinem Bonus-Zertifikat aber nur einmal während der Laufzeit einen kräftigen Einbruch bei der zugrunde liegenden Aktie gibt, die Aktie sich danach aber schnell erholt....? 33

Ich dachte immer, ich könnte mit einem Bonus-Zertifikat nicht mehr verlieren als mit der Aktie. Stimmt das denn wirklich? 33

Ich finde Bonus-Zertifikate zwar spannend, aber die lange Laufzeit stört mich 34

Wenn ich nun ein Bonus-Zertifikat mit Cap besitze, entspricht dann der Bonus-Betrag der Begrenzung meines Gewinns? 35

Ich habe gehört, dass man nun auch über Bonus-Zertifikate an fallenden Kursen partizipieren kann. Ist das richtig? 35

Ich schwanke zwischen einem Bonus-Zertifikat und einem Diskont-Zertifikat. Was ist wohl das bessere Produkt für mich? 36

Ich will kein Risiko eingehen und dennoch am Aktienmarkt partizipieren. Geht das überhaupt? 36

Ich interessiere mich für Hedge Fonds, allerdings waren sie in Deutschland ja lange nicht direkt zugelassen; man konnte sie also nicht kaufen. Bietet der Derivatemarkt hier auch Möglichkeiten? 37

Ich hätte gerne mehr als meine Minizinsen, die ich für Tagesgeld bekomme, will aber kein Risiko eingehen. Unter den Derivaten soll es da Alternativen geben...? 37

Entscheidend scheint mir doch, wie mein Derivat im Vergleich zum direkten Kauf einer Aktie läuft, oder? 38

Wenn ich mir die Vielfalt der Derivate anschaue, stellt sich die Frage, ob ich überhaupt noch andere Produkte kaufen soll? 39

Spielt Charttechnik bei der Auswahl von strukturierten Produkten eine Rolle? 39

Wie wichtig ist eine steuerliche Überlegung bei der Produktauswahl? 39

Inhalt

Hin und wieder lese ich von Aktionen wie „No Spread-Tage".
Soll ich dann zuschlagen?...40

In manchen Tageszeitungen sehe ich immer eine Liste von Zertifikaten
oder Optionsscheinen. Sind diese als Empfehlung zu verstehen?...................40

Ich nutze gerne den Videotext. Dort werden auch diverse Produkte
und deren Preise aufgelistet. Kann ich diese für meine Kaufentscheidung
heranziehen?..41

II Funktionsweise 43

Aus welchen Bestandteilen setzt sich überhaupt der Preis eines
normalen Optionsscheines zusammen?..43

Wenn ich beispielsweise einen Call auf Nokia kaufe, bezieht sich
dann der Schein auf die in Frankfurt gehandelte Nokia-Aktie?.......................44

Welches sind die relevanten Schlusskurse zur Abrechnung eines Derivates?...........44

Mein Call steigt nicht – obwohl die Aktie steigt. Was soll das?......................45

Jeder Experte sagt, die Volatilität sei wichtig. Erklären Sie mir kurz,
welche Rolle sie einnimmt?...45

Immer wieder lese ich, dass der Abschlag, den ich beim Kauf von Diskont-Zertifikaten erhalte, eben von der Volatilität des Basiswertes abhängt.
Stimmt das?..47

Von welchen Einflussfaktoren hängt der Preis eines Optionsscheins ab?........47

Wie wirken die Einflussfaktoren im Einzelnen auf den Optionspreis?............48

Immer wieder lese ich etwas von so genannten Griechen im Zusammenhang
mit Optionsscheinen. Können Sie mir erklären, was sich dahinter verbirgt?.........49

Was bedeutet Aufgeld im Zusammenhang mit Optionsscheinen?..................50

Kann ich die Scheine einfach nach dem Aufgeld miteinander vergleichen?.........51

Wie berechnet sich der Hebel?..52

Welche Kennzahl muss ich beachten, wenn ich wissen will, wie stark
mein Schein steigt, wenn die Aktie steigt?...53

Der Hebel soll doch recht ungenau sein. Stimmt das?......................................53

Warum verliert ein normaler Schein gegen Ende der Laufzeit so rasant
an Wert?..54

Ich will auf einen steigenden Dollar gegenüber dem Euro setzen.
Was muss ich tun?..55

Warum gibt es überhaupt einen Spread, also eine Differenz zwischen
dem Kurs zu dem ich kaufen und demjenigen zu dem ich meine Produkte
zur gleichen Zeit verkaufen könnte?...55

Warum gibt es keine einheitlichen Spreads?...56

Wo liegt der Unterschied zwischen Kauf von Optionen und Kauf von
Optionsscheinen?...57

Ich besitze einen Japan-Schein, der am 12. August ausläuft. Welcher
Schlusskurs des Nikkei 225 wird in diesem Fall als Referenzkurs herangezogen? 57

Wenn ich einen Schein auf eine ausländische Aktie besitze, gehe ich da
nicht ein Währungsrisiko ein? 57

Wie muss ich das Wechselkursverhältnis bei der Preisberechnung eines
Optionsscheins beziehungsweise Zertifikats berücksichtigen? 58

Rohstoffe wie Gold und Silber notieren doch in Dollar. Kaufe ich nun ein
strukturiertes Produkt, so muss ich Euro zahlen. Ist das richtig? 58

Ab und zu lese ich den Zusatz „Quanto" bei einem Produkt. Was bedeutet das? ...59

Was passiert mit dem Preis eines Derivates, wenn sich die Dividende
während der Laufzeit verändert? 59

Ich habe gehört, man könne über ein Derivat eine Aktie billiger erwerben,
als wenn man sie direkt kaufen würde. Hört sich nach einer Art
„Wunderwaffe" an...? 60

Kann ich mit einem Diskont-Zertifikat mehr verlieren als mit der Aktie? 60

Wie entwickelt sich ein Diskont-Zertifikat, wenn parallel die Aktie steigt
beziehungsweise fällt? 61

Wie errechnet sich der maximale Gewinn eines Diskont-Zertifikates? 61

Ich lese immer mal wieder etwas über einen Outperformance-Punkt.
Was ist das überhaupt? 62

Wie errechnet sich denn ein Outperformance-Punkt? 63

Ich besitze ein Diskont-Zertifikat auf eine amerikanische Aktie. Ich kann
rechnen wie ich will, ich komme einfach nicht auf den angegebenen
Outperformance-Punkt ...? 64

Mein Diskont-Zertifikat notiert über dem Cap. Ich dachte, das kann nie
der Fall sein, da ich doch maximal den Cap ausbezahlt bekomme? 64

Was passiert eigentlich mit meinem Diskont-Zertifikat, wenn die Aktie
am Ende der Laufzeit unter dem Cap notiert? Bekomme ich dann die Aktie
oder Bargeld? 65

Ein Diskont-Zertifikat setzt sich ja einfach nur aus der Aktie und einem
verkauften Call zusammen. Das kann ich mir doch auch selbst
zusammenstellen, oder? 65

Was steckt hinter dem Produkt Rolling Diskont-Zertifikat? 66

Auf welches Niveau werden bei Rolling Diskont-Zertifikaten die Caps
jeweils angepasst? 66

Was passiert mit der Dividende, wenn ich ein normales DAX-Zertifikat
kaufe? 67

Ich will es genau wissen: Welche Optionskonstruktion steckt hinter einem
Bonus-Zertifikat? 67

Express-Zertifikate haben eine bestimmte Laufzeit. Dennoch kann es
bereits vorher zur Rückzahlung kommen. Ist das richtig? 68

Inhalt

Bekomme ich bei Express-Zertifikaten am Ende der Laufzeit
auf jeden Fall mein Geld zurück?..68

Was sind Strategie-Zertifikate?...69

Was passiert mit meinen Scheinen, wenn eine Gesellschaft einen Aktiensplit
ankündigt?...69

Wie sieht eine Anpassung der Derivate bei einer Kapitalmaßnahme
der Aktiengesellschaft konkret aus?..70

Kann ich den Kurs eines Knock-Out-Scheines nachrechnen?..................................70

Bei den Knock-Out-Optionsscheinen beziehungsweise Hebel-Zertifikaten
heißt es immer, der Hebel sei konstant. Dennoch hat sich der Hebel
meines Scheines nach dem Kauf verändert. Wie das?...71

Ich besitze einen Knock-Out-Call auf die Deutsche Telekom. Heute hat
die Telekom Hauptversammlung, und morgen soll die beschlossene
Dividende ausbezahlt werden. Die Aktie wird dann doch um den Abschlag
fallen. Wie macht sich dies in meinem Papier bemerkbar?......................................72

Ich habe mal gehört, dass der Einfluss der Dividende auf Knock-Out-Scheine
sehr unterschiedlich sein kann. Wieso das denn?...73

Wenn ein Unternehmen Dividende zahlt, fällt doch bekanntlich tags darauf
die Aktie um die Höhe der Dividendenausschüttung. Kann dann mein
Knock-Out-Schein rein aufgrund dieses Abschlages ausgeknockt werden?............73

Eine unerwartete Dividendenerhöhung einer Aktie hat plötzlich den Wert
meines Calls reduziert. Wieso das denn?...74

Wird eine Sonderausschüttung bei Produkten, bei denen Kurs-Barrieren
eine entscheidende Rolle spielen, nicht gesondert behandelt?................................74

Bin ich tatsächlich durch den Kauf von Knock-Out-Produkten vor dem
Einfluss der Volatilität gefeit?...75

Knock-Out-Scheine gibt es doch auch ohne Laufzeitbegrenzung.
Ist das richtig?...75

Wo liegen grob die Unterschiede zwischen einem normalen Knock-Out-Papier,
auch WAVE genannt, und den endlos laufenden Knock-Out-Papieren, oder
WAVEs XXL?..76

Nun gibt es ja auch Scheine auf Gold, Silber, Währungen etc., die rund
um die Uhr gehandelt werden. Welcher Abrechnungskurs wird denn
dann zur Berechnung herangezogen?...77

Gibt es auch Produkte, die innerhalb bestimmter Kursgrenzen verstärkt
gewinnen?..77

Angenommen, die Emissionsbedingungen eines Zertifikates sehen unter
bestimmten Umständen am Laufzeitende die Lieferung einer Aktie vor.
Bekomme ich dann in jedem Fall die Aktie ins Depot geliefert?.............................78

Wenn es zur Lieferung der Aktie kommt, ist es doch möglich, dass ich
plötzlich eine Aktie, die in Dollar notiert, im Depot habe. Wie soll das
funktionieren?...78

Kürzlich erzählte mir ein Freund, es könne durchaus sinnvoll sein, einen Call und einen Put gleichzeitig zu kaufen. Das ist doch wie im Casino auf schwarz und auf rot zu setzen..79

Es soll Zertifikate geben, bei denen jeder Euro Gewinn bei einer Aktie einen Gewinn von 1,20 Euro bedeutet, das Risiko nach unten indessen dem einer Aktie ähnelt. Richtig?..80

Ich habe mir gleich zur Emission ein Garantie-Zertifikat gekauft. Es läuft etwa fünf Jahre; nun will ich aber bereits nach einem Jahr verkaufen und sehe einen Kurs unter meinem Einstiegskurs. Ich dachte, hierbei kann ich nichts verlieren?...81

III Handel mit Derivaten   83

Wo kann ich Derivate kaufen?..83

Ich will direkt handeln, benötige also keinen Berater, was muss ich tun?............84

Über welche Bank soll ich Derivate kaufen?...84

Meine Bank will mir keine Optionsscheine verkaufen. Ich will aber welche...?........84

Ich habe bei Depoteröffnung ein Schreiben, das Termingeschäftsfähigkeit lautete, unterschrieben. Reicht die einmalige Unterschrift aus?............................85

Für den Kauf von Aktienfonds reicht oft die Risikoklasse „3" – wieso nicht bei Zertifikaten?..85

Kann ich ohne weiteres Derivate als Bevollmächtigter für eine andere Person kaufen?...86

Auf meiner Ordermaske im Internet sehe ich so viele Felder. Können Sie mir wenigstens die wichtigsten Eingaben erklären?...86

Wie kann ich sicherstellen, dass die Wertpapierkennnummer, die ich einer Publikation oder einem Online-Medium entnommen habe, tatsächlich meinem gewünschten Papier entspricht?..88

Kann ich auch vom Ausland aus Derivate kaufen?...88

Wie lange kann ich die Produkte handeln?...89

Wann muss ich ein besonderes Augenmerk auf meinen Schein werfen?..............89

Zu welchem Zeitpunkt sollte ich lieber keine Produkte ordern?..........................90

Was ist, wenn ich ein Derivat auf eine amerikanische Aktie besitze und die Amerikaner einen Feiertag haben?..91

Wenn nun in Amerika gehandelt wird, ich in Deutschland aber aufgrund eines Feiertages kein Derivat kaufen und verkaufen kann, was dann?..................92

Warum kann ich eigentlich einen im Grund wertlosen, sprich ausgeknockten Schein noch kaufen?...92

Wieso kann ich Produkte an verschiedenen Börsen kaufen?..............................93

Kann ich ein Produkt, das ich an der Börse gekauft habe, außerbörslich wieder verkaufen?..93

Inhalt

Was ist der Vorteil, wenn ich an der Börse ein strukturiertes Produkt kaufe?...........93
Der Großteil des Handels mit Aktien läuft doch über ein elektronisches
System XETRA. Kann ich über diese auch Derivate kaufen?......................................94
Was ist überhaupt der Vorteil, wenn ich außerbörslich kaufe und verkaufe?...........94
Ich habe gehört, dass es sinnvoll sei, außerbörslich zu kaufen, indessen
an der Börse zu verkaufen. Wieso das denn?...94
Was kostet überhaupt der Kauf eines Derivates an Gebühren?................................95
Sind die Kosten je nach Derivat unterschiedlich?...96
In welchen Situationen sollte ich ein Derivat verkaufen?..96
Muss ich bis zum Laufzeitende ausharren, oder kann ich die Produkte
auch vorher verkaufen?...97
Bis wie viel Uhr kann ich täglich meine Scheine verkaufen?.....................................97
Muss ich am Ende der Laufzeit überhaupt verkaufen, oder geschieht
dies automatisch durch den Emittenten?...98
Wie kann ich Gewinne absichern?..98
Wie funktioniert ein Stop-Loss?..99
Wie funktioniert ein Stop-Buy?.. 100
Was passiert mit meinem Stop-Loss-Kurs, den ich für ein Derivat gesetzt
habe, wenn es einen Aktiensplit oder eine andere Kapitalmaßnahme beim
Unternehmen gibt?.. 100
Wie viel Geld muss ich investieren, um ein Derivat zu kaufen?............................ 101
Ist auch genügend Liquidität in den Scheinen vorhanden?................................... 101
Können Sie mir Handels-Tipps für Knock-Out-Scheine geben?............................ 102
Es heißt, man solle auch ausgeknockte Scheine verkaufen.
Warum, der Schein ist doch wertlos?... 102
Sollte ich ein Diskont-Zertifikat bei Erreichen des Caps sofort verkaufen?........ 103
Angenommen, bei meinem Bonus-Zertifikat wurde das Sicherheitslevel
während der Laufzeit erreicht. Was soll ich dann machen?................................... 103
Was ist mit einem Bonus-Zertifikat, wenn der Basiswert die Bonushöhe schon
erreicht hat. Soll ich das Zertifikat dann verkaufen?... 104
Wann bekomme ich eigentlich mein Geld zurück, wenn der Schein
ausgelaufen ist?.. 105
Was passiert, wenn aufgrund technischer Probleme seitens des Emittenten
der Handel nicht möglich ist?.. 105
Wie sichern sich die Emittenten ab, wenn an der Heimatbörse der Handel
bereits beendet ist?... 105
Wie können die Banken denn bis 22 Uhr handeln, wenn die Börsen bereits
um 20 Uhr schließen? Sie müssen sich doch mit den Aktien absichern?............ 106
Kann ich jedes Produkt bei jeder Bank zeichnen?... 106
Kann ich ein Produkt tatsächlich auch über die Börse zeichnen?........................ 106

Was muss ich bei der Orderaufgabe beachten, wenn ich ein Zertifikat über die Börse zeichnen will?......107

Was kostet die Zeichnung über die Börse?......107

Welches sind die Vor- und Nachteile der beiden Möglichkeiten über die Börse oder direkt bei der Bank ein Produkt zu zeichnen?......108

Da ich ein interessantes Produkt zeichnen will, bin ich dabei, ein Depot bei einer Bank zu eröffnen. Das dauert aber noch ein wenig. Kann ich trotzdem schon zeichnen?......108

Thema Ausübung. In einer Produktbedingung stand, dass ich nur einmal im Quartal verkaufen beziehungsweise ausüben kann. Ist das richtig?......108

Bei welchen Derivaten kann ich ausüben und bei welchen nicht?......109

Was ist der Vorteil, wenn ich nun ausübe, statt normal zu verkaufen?......109

Ich habe mich zur Ausübung meines Produktes entschieden. Zu welchem Kurs wird abgerechnet?......110

IV Chance 111

Wie viel kann ich mit Derivaten verdienen?......111

Welches sind die größten Fehler, die ich als Derivate-Investor unbedingt vermeiden sollte?......112

Wie viel Geld kann ich mit Express-Zertifikaten maximal gewinnen?......112

Ich habe gehört, dass der Gewinn eines Bonus-Zertifikates unbegrenzt sei. Stimmt das?......113

Sind Diskont-Zertifikate zu bestimmten Börsenzeiten im Trend, zu anderen eher aus der Mode?......113

V Hintergrund 115

Was bedeutet der Begriff Option?......115

Warum liest man ab und an im Zusammenhang mit Optionsscheinen den Begriff „warrant"?......116

Sind eigentlich die klassischen Optionsscheine völlig vom Markt verschwunden?......116

Klären Sie mich bitte mal auf, was soll die Begriffsverwirrung Derivate, Zertifikate, Optionsscheine, strukturierte Produkte, Anlageprodukte, Hebelprodukte...?......117

Warum gibt es so unterschiedliche Bezeichnungen teils für die gleiche Art von Produkten?......118

Auf was kann ich mit Derivaten überhaupt setzen?......118

Wer kauft Derivate und warum?......119

Wie viele Zertifikate-Anleger gibt es eigentlich?......119

Wie viele Produkte gibt es überhaupt?......120

Inhalt

Wie hoch sind die Umsätze in Derivaten? 120
Sind die Emittenten in einer Art Verband organisiert? 120
Wer zählt denn überhaupt zu den großen Emittenten von Derivaten? 121
Wie sehen die Prognosen für den Markt aus? 121
Kann jeder Schein ungeprüft emittiert werden? 121
Bei manchen Zertifikaten lese ich von Kündigungsrecht seitens des Emittenten. Muss ich mir Sorgen um eine Kündigung machen? 122
Was machen Sie eigentlich in der Bank, wenn ich beispielsweise 1.000 Calls auf die Aktie von DaimlerChrysler kaufe? 123
In Broschüren lese ich öfter einmal etwas von Managementgebühren bei Zertifikaten. Wie hoch können diese sein, und wann werden mir diese berechnet? 123
Muss ich auch als Derivate-Besitzer wissen, wann die Hauptversammlungen der Aktienunternehmen stattfinden? 124
Manchmal sehe ich in einer Produktstatistik ungerade Bezugsverhältnisse wie etwa 1:1,0138. Warum machen die Emittenten das? 124
Warum gibt es so unterschiedliche Bezugsverhältnisse bei den diversen Produkten? 125
Was passiert am so genannten Ausübungstag? 125
Was bedeutet dann der Fälligkeitstag? 126
Gibt es eine Unterscheidung zwischen Ausübungstag und Fälligkeitstag nur bei Zertifikaten? 126
Die Bank freut sich doch ganz bestimmt, wenn ich armer Anleger mit meinen Call-Scheinen einen Verlust erleide, da sie ja die Gegenposition einnimmt – und dann gewinnt? 126
Woran verdienen die Emittenten? 127
Gerade 1:1-Zertifikate auf den DAX werden noch nicht einmal mit einem Spread versehen. Woran verdient da die Bank? 127
Mein Schein wurde ausgeknockt; das hat der Emittent doch selbst bewirkt!? 128
Als Aktionär bekomme ich doch Dividende. Was bekomme ich als Derivate-Anleger? 128
Wenn ich nun ein Zertifikat auf den DAX habe und sich die Zusammensetzung des Index ändert, ändern sich dann auch die Bedingungen meines Zertifikates, oder? 129
Indizes wie der EuroStoxx 50 oder der Nikkei 225 sind bekanntlich Kursindizes, Dividenden werden also nicht berücksichtigt. Was passiert, wenn ich ein Zertifikat auf einen solchen Kursindex kaufe? 129
Warum gibt es viel mehr Calls als Puts am Markt? 129
Ich kannte bislang immer nur die Wertpapier-Kennnummer (WKN), nach der sich ein Produkt klar zuordnen ließ. Nun gibt es eine so genannte ISIN. Was ist der Unterschied? 130

Ab und an lese ich von europäischen und amerikanischen Optionsscheinen.
Kommen da Scheine aus Europa und andere aus den USA?... 130

Im Zusammenhang mit Derivaten sehe ich immer wieder diverse
Gewinn- und Verlustdiagramme. Die versteht doch kein Mensch.......................... 131

Warum gibt es eigentlich nicht auf alle Aktien Derivate?... 131

Ich beobachte seit langem eine spannende Aktie; leider gibt es kein
Derivat darauf. Sind die Emittenten offen für einen Hinweis von mir?.................. 132

Warum gibt es nicht auf alle großen Aktien Bonus-Zertifikate?................................ 132

Kann man mit Zertifikaten auch einen Sparplan für sich oder seine Kinder
abschließen?... 133

Zuletzt hat mir ein Fonds-Experte gesagt, man verliere sein ganzes Geld,
wenn der Emittent eines Derivates Pleite geht. Stimmt das?................................. 133

Ab und an höre ich, dass ein Zertifikat ausverkauft sei. Wie kann das sein,
die Emittenten können doch beliebig nachemittieren?... 134

Wie lange kann eine Zeichnungsfrist für ein Zertifikat dauern?.............................. 134

Ab und an liest man etwas von einem „fairen Wert". Sollte exakt soviel
ein Derivat auch kosten?.. 135

Kann ich auf Derivate, die sich in meinem Depot befinden, auch einen Kredit
erhalten, wie beispielsweise auf Aktien und Investmentfonds?............................. 135

Wie sieht es bei all den Produkten steuerlich aus?... 136

Es gibt Produkte, die bieten 10 oder gar 20 Prozent – und das garantiert.
Das ist ja riesig, wo liegt da der Haken?... 137

Wie ist es möglich, dass ein Zertifikat beispielsweise jährlich 5 Prozent
zahlen kann, wenn der Markt selbst – beispielsweise eine Bundesanleihe –
gerade mal 3,5 Prozent abwirft?... 138

Bei welchen Anlageprodukten griffen die Investoren in der Vergangenheit
am häufigsten zu?.. 138

Früher waren die „normalen" Optionsscheine der Renner. Nun scheinen
Knock-Out-Produkte der Favorit bei spekulativen Anlegern zu sein.
Warum?... 139

Was sind überhaupt WAVEs? Una warum heißen sie so?...................................... 139

Zertifikate auf Fonds, Fonds auf Zertifikate – es scheint so, als ob alles zusammenwächst und der Anleger gar nicht mehr weiß, was er nun kaufen soll........... 140

VI Service   141

Wo erhalte ich die vollständigen Zertifikate-Bedingungen?................................... 141

Wo finde ich überhaupt einen Verkaufsprospekt eines Derivates?...................... 141

Welche Publikationen berichten regelmäßig über Derivate?................................. 142

Was ist von den zahlreichen Empfehlungen in diversen Publikationen
zu halten?... 142

Inhalt

Welche Informationsmaterialien stellen die Anbieter der Produkte zur Verfügung? 143
Welche Seiten im Internet informieren über das Angebot an Derivaten? 143
Wo kann ich mich vor Ort über Derivate informieren? 144
Wo kann ich einen historischen Preis eines Derivates erhalten? 144
Wie häufig sollte ich Kursverläufe beobachten? 144
An wen kann ich mich wenden, wenn ich der Meinung bin, dass ein Kauf oder Verkauf falsch abgerechnet wurde? 145
Ab und an rufe ich bei den Hotlines der Banken an, bekomme dort auch immer viele Produktinformationen. Aber was ich letztlich kaufen soll, sagen die Mitarbeiter mir nicht? 145
An den Hotlines höre ich immer die Ansage, dass das Gespräch eventuell mitgeschnitten wird. Was will die Bank mit der „Abhöraktion" erreichen? 145
Ich hätte so viele Fragen, ich weiß gar nicht wo ich anfangen soll? 146

Zum Autor **147**

Vorwort

Wie vielen Lesern schrieb ich bereits auf ihre Anfragen zurück, wie viele Fragen an der Telefon-Hotline habe ich geduldig beantwortet, wie oft die Sorgen, Nöten von Messebesuchern und Seminarteilnehmern angehört, hinterfragt. Gern bin ich hineingeschlüpft in die Rolle des Ratgebers und Seelsorgers zugleich, habe mich eingefühlt in die Befindlichkeiten des Anlegers und dessen Sprache übernommen, um ihm mit seinen Worten deutlich zu machen: Derivate sind toll.

Es ist nicht verwunderlich, dass der Informationsbedarf zu den immer noch recht jungen Investmentprodukten groß ist. Und ehrlich gesagt, hier und da kamen bei den Gesprächen erstmals diskutierte Szenarien auf unseren Tisch. Selbst meine Kollegen und ich mussten etwa beim Thema Handelbarkeit so manches Mal nachhaken.

Nun ist es einfach an der Zeit, all die Fragen zusammenzutragen und in diesem Buch in einer einfachen Sprache alles wirklich Wichtige zu Zertifikaten und Optionsscheinen zu beantworten. Und das, ohne dabei den Anspruch zu erheben, auf sämtliche Optionskonstruktionen, Formeln und Berechnungen einzugehen. Es bleibt beim Wichtigsten – und wichtig ist, dass die Fragen Ihnen helfen, unabhängig von Ihrem Anlageberater erfolgreich in die als Derivate zusammengefassten Investmentprodukte zu investieren.

Tauchen Sie jetzt mit mir ein in die spannende Welt der Derivate, in der Sie dann nicht untergehen, wenn Sie die Antworten zu den 222 wichtigsten Fragen kennen.

Auswahl

1.
Kann jeder ein Derivat kaufen?

Im Grunde ja. Sie müssen nur ein Depot eröffnen und der Bank die so genannte Termingeschäftsfähigkeit – ein DIN-A4-Papier – unterschreiben. Damit lässt sich die Bank bestätigen, dass der Privatanleger sich der Verlustrisiken bei Termingeschäften bewusst ist.

Bevor Sie ein Derivat kaufen, sollten Sie sich aber gründlich informieren. Ich habe schon mehrmals Anrufe von Anlegern bekommen, die nach ihrem Schein gefragt haben, und dann stellte sich heraus, dass sie gar nicht wussten, dass sie ein hochriskantes Knock-Out-Produkt gekauft hatten. Das ist im doppelten Sinne ärgerlich.

2.
Kann ich eventuell komplett auf Aktien verzichten?

Wenn es auf alle Aktien Derivate gäbe, würde ich die Frage tatsächlich mit „Ja" beantworten. So aber muss ich die Frage verneinen. Es gibt immer noch viele attraktive Aktien, bei denen es schade wäre, auf diese zu verzichten. Und vielleicht wollen Sie ja auf die Hauptversammlung gehen, wenn auch nur, um dem Vorstand die Meinung zu sagen oder ein paar Würstchen zu essen. Doch wenn der Weg zu weit ist oder der Magen zu voll und ein dem eigenen Risikobewusstsein entsprechendes Derivat auf die Aktie in Erscheinung tritt, sollten Sie darüber nachdenken. Es lohnt sich.

3.
Warum denken viele Anleger immer noch nur an Fonds, wenn es um Kapitalmarktanlage geht?

Neulich kam wieder einmal ein Freund auf mich zu, sagte, er wolle fürs Alter vorsorgen und dabei am Kapitalmarkt aktiv sein. Da gebe es doch Fonds, so seine pauschale Aussage.

Diese Einstellung scheint leider gängig. Immer noch machen sich zu wenige Sparer Gedanken über Alternativen. Natürlich hat es etwas mit der jahrzehntelangen Historie der Investmentfonds und der hiesigen Anlegerkultur zu tun. Natürlich hat es etwas damit zu tun, dass viele Anleger immer glaubten, die Manager wüssten vieles besser, könnten demnach erfolgreicher am Markt agieren. Und natürlich hat es etwas damit zu tun, dass der Bankberater eben beim Verkauf eines Fonds höhere Provisionen erhielt als für Zertifikate oder andere Derivate. Warum sollte er sich Gedanken über Alternativen machen? Doch die Anleger sind informierter geworden. Sie sind es, die aktiv auf die Berater zukommen und die damit neben den Investmentfonds einer neuen Anlageform eine Chance geben. Ein Dank an sie! Mein Bekannter denkt nun übrigens über Zertifikate nach.

| Auswahl

4.
Kann ich Derivate auch für die Altersvorsorge heranziehen?

Wenn's nicht gerade ein Optionsschein ist, klar. „Reich ins Alter" ist nicht nur mit Fonds, Immobilien oder Lebensversicherungen möglich. Wer vernünftig agiert, kann mit Derivaten seinen persönlichen Altersbaustein aufbauen. Etwa mit regelmäßigem Sparen in risikoneutrale Zertifikate. Zumindest ein Teil sollte in Zukunft wie selbstverständlich für die Altersvorsorge verwendet werden.

5.
Das Thema Derivate scheint mir sehr komplex.
Wie lange benötige ich, um mich einzuarbeiten?

Den ersten Schritt haben Sie mit dem Erwerb dieses Buches schon getan. Natürlich müssen Sie nicht gleich alle Fragen durchgehen und dann Ihre ersten Derivate kaufen. Sicher haben Sie sich schon Gedanken gemacht, zu welchem Risikotyp zu gehören. Kommen Sie zu einer klaren Aussage, dann können Sie sich auf bestimmte Produkttypen konzentrieren.

Beschäftigen Sie sich immer mal wieder anhand praktischer Beispiele mit dem Thema: Legen Sie sich etwa ein Musterdepot an, an dem Sie erkennen können, wie Ihre Position auf Ereignisse an der Börse reagiert. Besuchen Sie Messen, wie die *invest* in Stuttgart oder die IAM in Düsseldorf, und nutzen Sie die Vielfalt der von den Börsen und Emittenten angebotenen Seminare für Einsteiger – meist zu ganz geringen Kosten. Man kann also nicht pauschal wie etwa in einem Studium sagen, dass Sie vier oder fünf Semester benötigen um die „Derivate-Prüfung" zu bestehen. Nach etwa einem Jahr intensiver Beschäftigung sollten Sie jedoch fit für Derivate sein. Und eines noch: Selbst wenn Sie sich zu einem Zeitpunkt ein großes Wissen angeeignet haben, vergessen Sie nie: Der Markt bringt immer wieder neue Produkte, neue Gegebenheiten zu Tage. Sie sollten sich also immer auf dem Laufenden halten.

6.
Fast täglich kommen neue Produkte und neue Produktideen an den Markt. Wie soll ich da vor lauter Bäumen noch den Wald erkennen?

Zunächst: Rennen Sie nicht jeder Idee hinterher. Natürlich sind immer mal wieder Modeprodukte unter den Neuemissionen, ohne dass diese aber auch tatsächlich Erfolg versprechen. Als Einsteiger würde ich anfangs die Kapitalgarantie-Produkte anschauen, schließlich dienen diese als Ersatz zu dem bisher Gekauften. In der zweiten Stufe sollten Sie Diskont- und Bonus-Zertifikate genauer betrachten. Sie sind äußerst lukrativ und leicht zu verstehen. Nur wer es gleich ganz spekulativ mag, sollte sich – wenn auch anfangs nur in einem Musterdepot, also einem fiktiven Depot – mit Optionsscheinen und deren Funktionsweisen auseinandersetzen.

7.
Wie finde ich den richtigen Emittenten für mich?

Es gibt mehrere Kriterien, auf die Sie einen Blick werfen sollten. Da spielen die Größe des Emittenten, seine gesamte Produktpalette, seine faire, konstante Preisstellung, seine Seriosität sowie nicht zuletzt seine Serviceleistungen eine Rolle.

Also: Handelt der Emittent von früh morgens bis spät abends? Bietet er außerdem nützliche Informationen rund um die Produkte? Stellt er auch dann faire Preise, wenn die Ordergröße über das Normalmaß hinausgeht? Verändert er nicht ständig die Spanne zwischen Kauf- und Verkaufkurs, auch Spread genannt?

Und schließlich: Kann meine Bank mit dem Emittenten direkt handeln, was besonders für sehr aktive Anleger, die außerbörslich kaufen und verkaufen wollen, wichtig ist. Fragen Sie hierzu Ihren Bankberater oder stellen die Frage den Hotlines der Banken. Meist sind die Informationen aber auch leicht ersichtlich auf den Internetseiten der jeweiligen Institute zu finden.

| Auswahl

8.
Welche Laufzeit soll ich für mein Produkt wählen?

Bei all den Hebelprodukten auf keinen Fall kürzer als einen Monat, es sei denn Sie zählen sich zu den Profis, zu den Hasardeuren oder schlicht zu den Zockern. Selbst Laufzeiten unter sechs Monaten halte ich für zu gewagt – besonders wenn Sie noch Anfänger sind. Bei Zertifikaten sollten Sie ohnehin längere Laufzeiten wählen; hier geht es ja primär um ein konservativeres Investment, und Sie sollten weit mehr auf den steuerlichen Aspekt achten.

Je enger Ihr Papier mit der Entwicklung des Basiswertes verzahnt ist, desto mehr sollten Sie darauf achten, dass Sie andererseits auch keine allzu lange Laufzeit wählen. Vier oder fünf Jahre halte ich schon für grenzwertig. Obwohl Sie natürlich jederzeit verkaufen können, kommen Sie bei vielen Zertifikaten erst zum Laufzeitende in den Genuss ihrer besonderen Vorzüge.

9.
Kann ich auch dann gewinnen, wenn die Aktie sich gar nicht bewegt?

Das ist das Tolle an Derivaten: Sie können tatsächlich Gewinne erzielen, während sich Aktien im Tiefschlaf befinden. Merken Sie sich in dem Zusammenhang zwei Produkte: Bonus-Zertifikate und Diskont-Zertifikate. Details gibt es in den Broschüren der Banken. In Kürze: Bei beiden Produkten kann die Aktie sogar leicht fallen, und Sie gehören dennoch zu den Gewinnern. Schauen Sie sich diese Produkte einmal genauer an, Sie werden staunen, in welchen Börsensituationen Sie hier immer noch Gewinne erzielen.

10.
Wann sollte ich überhaupt ein Diskont-Zertifikat kaufen?

Angenommen, Sie sehen eine Aktie, an die Sie zwar glauben, der Sie allerdings keine exorbitanten Kurssprünge zutrauen. Sie glauben, die Aktie läuft eher seitwärts, rechnen also auch nicht damit, dass der Kurs nun einbrechen könnte.

Bei diesem Szenario liegen Sie mit Diskont-Zertifikaten genau richtig. Wenn nämlich die Aktie nur leicht fällt, sich gar nicht bewegt oder leicht steigt, dann erzielen Sie mit den Zertifikaten äußerst attraktive Renditen. Nur wenn Sie annehmen, dass die Aktie demnächst einen kräftigen Kurssprung vollzieht, dann kaufen Sie besser direkt die Aktie als ein Diskont-Zertifikat auf die Aktie. Und wenn Sie mit Kursrückgängen bei der Aktie rechnen, dann lassen Sie auch ganz die Finger von Diskont-Zertifikaten.

11.
Kürzlich habe ich gelesen, dass ein Diskont-Zertifikat eine gute Alternative für Tagesgeld sei. Stimmt das?

Das ist tatsächlich so, auch wenn es nicht vollständig ohne Risiko geht. Und so müssen Sie als Schnäppchenjäger vorgehen: Sie wählen ein Diskont-Zertifikat mit geringer Laufzeit und einer Kursobergrenze (Cap), die weit unter dem aktuellen Kurs der Aktie liegt. Sie minimieren sozusagen das Risiko, dass am Ende der Laufzeit die Aktie unter dem Cap notiert. Wählen Sie dann eine Bank mit geringen Transaktionskosten, schließlich wollen Sie nicht, dass Ihre Gewinne von den Gebühren aufgezehrt werden. Riesige Gewinne sind natürlich nicht zu erwarten. Wir reden hier von Tagesgeld-Ersatz. Aber wer diese Strategie konsequent fährt, kann mühelos und relativ risikolos einen bis zwei Prozentpunkte mehr als mit Tagesgeld einfahren.

| Auswahl

12.
Ich habe von einer Weiterentwicklung des Diskont-Zertifikates gehört, so genannte Diskont-Plus-Zertifikate. Sind diese attraktiver?

Auf den ersten Blick könnte man sagen: Ja. Denn plötzlich bekommt der Investor selbst dann den höchst möglichen Betrag – in der Fachsprache auch Cap genannt – ausbezahlt, wenn der Aktienkurs darunter liegt. Es darf jedoch eine vorher definierte Kursgrenze (auch Barriere genannt) – und dies ist gegenüber normalen Diskont-Zertifikaten neu – nicht berührt oder unterschritten werden. Es ist also ein beträchtlicher Puffer vorhanden. Berührt der Kurs nun dennoch diese Barriere oder fällt darunter, kommt der Anleger nur dann in den Genuss des Höchstbetrages, wenn dieser auch tatsächlich von der Aktie erreicht wurde. Aufgrund dieses Vorteils sind Diskont-Plus-Zertifikate teurer als vergleichbare normale Diskont-Zertifikate. Das heißt auch: Ihr maximaler Gewinn ist geringer als bei normalen Diskont-Zertifikaten.

13.
Sind Optionsscheine nur etwas für Spekulanten und Kurzfristanleger?

Optionsscheine sind etwas für spekulative Anleger. Wenn Sie also Ihr Geld sicher anlegen möchten, sollten Sie die Finger von Optionsscheinen lassen, denn Sie können den kompletten Einsatz verlieren – ganz gleich, ob Ihr Investment als kurzfristige oder langfristige Anlage gedacht war. Ohnehin sollten Sie sich über die Laufzeit des Optionsscheins Gedanken machen. Wer häufig, möglicherweise sogar mehrmals am Tag, kauft und verkauft, für den spielt die Laufzeit eine untergeordnete Rolle. Im Gegenteil: Er sucht sich meist so genannte Kurzläufer. Das Motto lautet eindeutig: je größer die Chancen, desto riskanter ist der Schein. Natürlich gibt es auch Optionsscheine mit Laufzeiten von einem, zwei oder gar drei Jahren. Über deren Sinn lässt sich streiten. Läuft die Aktie oder der Index, auf den sich der Optionsschein bezieht, gegen einen, verliert der Schein mit abnehmender Restlaufzeit nämlich zunehmend an Wert. Somit wird das fatale Ende einfach nur verzögert. Zurück zur eigentlichen Frage: Wer defensiv agieren will, sollte selbst einen noch so konservativen Optionsschein meiden.

14.
Gibt es eine Faustformel für die Auswahl des richtigen Optionsscheines?

Eine simple Faustformel gibt es nicht, aber dennoch will ich die wichtigsten Punkte nennen: Wählen Sie eine Laufzeit von mindestens sechs Monaten und einen Schein, dessen Basispreis recht nah am aktuellen Kurs der Aktie oder des Index ist. Und: Werfen Sie einen Blick auf die Kennzahl „implizite Volatilität". Wählen Sie denjenigen Schein, der bei sonst gleichen Parametern die niedrigste Volatilität aufweist.

15.
Es gibt so viele Optionsscheine auf den DAX, wie soll ich mich da für einen bestimmten Schein entscheiden?

Wahrlich nicht einfach, ein paar Tipps können hier aber schnell helfen: Steht der DAX bei 6.500 Punkten und Sie sind weiterhin optimistisch, wählen Sie einen Call dessen Basispreis in der Nähe von 6.500 Punkten liegt. Bitte nicht mehr als 1.000 Punkte darüber, das ist zu riskant. Schauen Sie auch auf die Laufzeit.

Tipp: Nicht kürzer als sechs Monate. Und: Werfen Sie einen Blick auf die so genannte implizite Volatilität. Wählen Sie einen Call mit geringer Volatilität – bei sonst gleichen Parametern. Und: Wählen Sie einen Emittenten, der ständig faire Preise stellt. Sie werden schnell merken: Wenn Sie diese Punkte beachten, finden Sie Ihren Wunsch-Schein ganz schnell.

I Auswahl

16.
Kaufen Sie selbst Derivate?

Die Frage bekommt man immer wieder gestellt, und sie ist auch berechtigt. Denn was soll das ganze Getrommel, wenn man nicht selbst durch und durch hinter den Produkten steht? Ja, ich kaufe sie, achte dabei streng auf das Chance-Risiko-Verhältnis und appelliere ganz nebenbei an alle, sich besonders mit Zertifikaten zu beschäftigen. Für Anleger, die gewinnorientiert denken, geht kein Weg an Derivaten vorbei.

17.
Ich habe gehört, Knock-Out-Scheine seien attraktiver als normale Optionsscheine. Ist das so?

Das kann durchaus der Fall sein. Etwa wenn Sie mit sinkender Volatilität, also abnehmenden Kursschwankungen, rechnen. Knock-Out-Scheine werden nur sehr geringfügig von der Volatilität beeinflusst. Dagegen spielt diese Größe bei den normalen Optionsscheinen eine bedeutende Rolle. So kann eine sinkende Volatilität bei gleich bleibendem Aktienkurs zu sinkenden Kursen der Optionsscheine führen. Ist grundsätzlich das Volatilitätsniveau so gering, dass mit steigender Volatilität zu rechnen ist, dann können normale Optionsscheine doppelt interessant sein. Mit gewöhnlichen Knock-Out-Scheinen haben Sie darüber hinaus stets das Risiko, während der Laufzeit ausgeknockt zu werden und damit den kompletten Einsatz zu verlieren.

18.
Welches Strategie-Zertifikat können Sie mir empfehlen?

Belassen Sie es bei den einfachen, transparenten Ideen beziehungsweise Strategien. Also etwa bei der Auswahl der Aktien mit den günstigsten Kurs-Gewinn-Verhältnissen, jener mit der höchsten Dividendenrendite oder auch bei so genannten Momentum-Strategien, nach denen solche Aktien in den Korb wandern, die zuletzt gut gelaufen sind. Schauen Sie sich die Entwicklung der Vergangenheit an, auch wenn dies natürlich keine Garantie für die Zukunft geben kann.

19.
Nun kann man ja auch auf die Zinsentwicklung spekulieren. Angenommen, ich glaube an steigende Zinsen im Euroraum, was muss ich dann kaufen?

Sie können sozusagen indirekt auf die Zinsentwicklung spekulieren. Das geht über den so genannten Bund Future.

Grob gesagt spiegelt sich hier die Kursentwicklung am Anleihenmarkt wider. Sind die Zinsen niedrig, liegen die Kurse von Anleihen hoch; der Bund Future hat dann einen hohen Kurswert. Wenn Sie nun auf steigende Zinsen setzen möchten, setzen Sie ja indirekt auf fallende Anleihekurse, sprich auf einen fallenden Bund Future. Und wer auf fallende Kurse setzt, muss bekanntlich einen Put-Optionsschein kaufen. Fazit: Mit Puts auf den Bund Future gewinnen Sie, wenn die Zinsen tatsächlich steigen.

20.
Es gibt Derivate mit unterschiedlichen Chance-Risiko-Profilen. Können Sie mir eine Grobstruktur aufzeigen, damit ich mich zurechtfinde?

Man kann die gesamte Produktpalette grob in vier Klassen aufteilen. Da sind zum einen all jene Produkte, die dem Anleger Kapitalschutz bieten. Dann gibt es diejenigen, mit denen Sie eins zu eins an einer Aktie oder einem Index partizipieren. Des Weiteren gibt es so genannte Puffer-Produkte. Hier ist Ihr Risiko zwar nicht komplett, aber dennoch abgefedert. Dafür müssen Sie im Vergleich zum Aktionär lediglich auf die Dividende verzichten. Dann folgen Produkte mit Hebelwirkung. Hier würde ich dann noch einmal unterscheiden zwischen Produkten, mit denen Sie überproportional agieren können und jenen, mit denen Sie innerhalb kurzer Zeit exorbitante Gewinne einfahren, aber auch von heute auf morgen Ihren kompletten Einsatz verlieren können.

21.
Manche Produktneuheiten werden über ein so genanntes Back-Testing angeboten, das heißt: Zurückgerechnet schien die Strategie, die hinter dem Zertifikat steht, erfolgreich. Reicht das, um ein Produkt zu kaufen?

Allein gesehen natürlich nicht, zumal manche Emittenten die Rückrechnungszeiträume so wählen, dass sie ein hervorragendes Bild abgeben. Das sollten Sie berücksichtigen.

Ein Blick in die Vergangenheit gibt keine Gewähr für die Zukunft, aber zumindest einen Anhaltspunkt. Und: Fragen Sie ruhig den Emittenten nach anderen Zeiträumen und schauen Sie sich an, mit welchem Vergleichsindex die Rückrechnung angestellt wurde und ob jener Index auch als sinnvoll erachtet werden kann.

22.
Gibt es eine Liste von den wichtigsten Fragen, die ich für mich beantworten muss, bevor ich ein Investment tätige?

Versuchen Sie, Antworten auf folgende drei Fragen zu finden:

Welchen Ertrag erwarten Sie für den gewählten Basiswert; wie hoch liegt also das mögliche Kursziel?

Zweitens: Mit welcher Wahrscheinlichkeit tritt das Kursziel ein?

Und schließlich: Welche Opportunitätskosten hat das Investment; also auf welche Zinsen und Dividenden werden Sie beim Kauf des Optionsscheines verzichten?

23.
Alle reden über Bonus-Zertifikate.
Sind die Produkte wirklich ein Allheilmittel?

Bonus-Zertifikate können für in der Vergangenheit leidgeplagte Investoren eine Möglichkeit bieten, sich wieder an Kursgewinnen zu erfreuen – mit der Gewissheit einer Abfederung nach unten.

Wer ein Bonus-Zertifikat einmal verstanden hat, wird wohl nie wieder eine Aktie kaufen. Das Bonus-Zertifikat genießt einfach zu viele Vorteile, wie Schutzmechanismus, Gewinne in Seitwärtsphasen, endlose Gewinnmöglichkeiten. Für diese Reihe an Vorteilen gibt der Investor „lediglich" die Dividende auf. Sie verbleibt beim Emittenten. Wer jedoch sieht, was dem Aktionär in der Regel nach Steuer von der ohnehin meist nicht gerade üppigen Dividende verbleibt, verzichtet gerne darauf. Also: Ein Allheilmittel sind Bonus-Zertifikate sicher nicht. Aber Sie können mit ihnen gesünder durchs Leben schreiten.

24.
Welche Barriere sollte ich bei der Auswahl des richtigen Bonus-Zertifikates wählen?

Sie sollten eine Barriere wählen, von der Sie glauben, dass sie während der Laufzeit nicht unterschritten wird. Gehören Sie zu den vorsichtigen Investoren, wählen Sie eher eine tiefe Barriere. Keine Sorge: Auch bei solchen Produkten sind oft äußerst interessante Renditen zu erzielen.

25.
Wenn es bei meinem Bonus-Zertifikat aber nur einmal während der Laufzeit einen kräftigen Einbruch bei der zugrunde liegenden Aktie gibt, die Aktie sich danach aber schnell erholt....?

Das hilft nicht: Der Bonus ist erst einmal weg. Aber auch hier hält der Derivatemarkt Lösungen parat. Es gibt nämlich mittlerweile auch Bonus-Zertifikate, bei denen ein einmaliges Durchbrechen der Barriere eben nicht zur Folge hat, dass der Bonus weg ist. Hier gibt es nämlich sozusagen eine zweite, tiefer liegende Barriere – quasi einen zweiten Schutz. Das Beispiel zeigt erneut, wie wichtig es ist, bei Produkten auch immer einen Blick in die Bedingungen zu werfen sowie auf Neuentwicklungen am Markt zu schauen.

26.
Ich dachte immer, ich könnte mit einem Bonus-Zertifikat nicht mehr verlieren als mit der Aktie. Stimmt das denn wirklich?

Falls Sie das Bonus-Zertifikat gleich zu Beginn der Emission kaufen, zahlen Sie genauso viel wie für die Aktie. Gegenüber dem Aktionär haben Sie nur den Nachteil, dass Sie keine Dividende erhalten. Kaufen Sie ein Bonus-Zertifikat aber während der Laufzeit, kann es durchaus sein, dass Sie dann mehr bezahlen als für die Aktie, und wenn Sie am Ende womöglich die Aktie geliefert bekommen, haben Sie im Vergleich zum Aktionär einen Verlust erlitten.

Also aufpassen: Viele Aussagen im Derivategeschäft beziehen sich ausschließlich auf den Emissionszeitpunkt sowie das Laufzeitende; wer während der Laufzeit ein- oder aussteigt, muss sich über die dann gültigen Bedingungen informieren.

27.
Ich finde Bonus-Zertifikate zwar spannend, aber die lange Laufzeit stört mich...

Für alles gibt es eine Lösung am Derivatemarkt – na ja, für fast alles. Der hohe Bonus bei Bonus-Zertifikaten rührt nun einmal von der Dividende, die der Emittent über die Jahre der Laufzeit des Zertifikates bezieht. Nun kann man natürlich die Laufzeit verkürzen und somit Bonus-Zertifikate mit nur einem Jahr Laufzeit emittieren.

Und tatsächlich gibt es solche Produkte auch. Sie haben allerdings meist einen geringeren Bonus-Betrag, und der Bonus-Betrag ist meist die Obergrenze, also mehr können Sie hier nicht gewinnen; dennoch verstehe ich Ihren Wunsch nach kürzerer Laufzeit. Kursentwicklungen über recht lange Laufzeiten einschätzen zu können, halte ich für äußerst schwierig. Also sind die Produkte über die ich hier spreche – nämlich so genannte Bonus-Zertifikate mit Cap – äußerst interessante Produkte.

Achtung:
Wenn Sie ein „normales" Bonus-Zertifikat kaufen wollen, passen Sie auf, dass Sie nicht zufällig ein Bonus-Zertifikat mit Cap erwischen.

28.
Wenn ich nun ein Bonus-Zertifikat mit Cap besitze, entspricht dann der Bonus-Betrag der Begrenzung meines Gewinns?

Nicht zwangsläufig. Es gibt Zertifikate, bei denen es so ist, es gibt jedoch auch welche, die neben dem Bonus-Betrag noch eine zusätzliche Obergrenze eingebaut haben; die liegt dann wenige Euro über dem Bonus.

Schauen Sie vor dem Kauf eines Bonus-Zertifikates neben der Barriere auch immer auf den Bonus und dessen Bedeutung; die kann nämlich im Einzelfall sehr unterschiedlich sein.

29.
Ich habe gehört, dass man nun auch über Bonus-Zertifikate an fallenden Kursen partizipieren kann. Ist das richtig?

Tatsächlich hat hier ein Emittent ausgerechnet zu einem Zeitpunkt, als die Börse gut lief, die ersten Bonus-Produkte auf den Markt gebracht, bei denen Anleger dann gewinnen, wenn es nach unten geht. Sie heißen Reverse-Bonus-Zertifikate.

Das System, das man von „normalen" Bonus-Zertifikaten kennt, wird hier schlicht umgedreht. Fallen die Kurse, gibt es einen Bonus; steigen die Kurse über eine bestimmte Kursgrenze, so entfällt der Bonus und das Zertifikat läuft eins zu eins zum Basiswert – nur eben mit umgekehrten Vorzeichen. Mit Reverse-Bonus-Zertifikaten können Anleger auf fallende Rohstoffe, Aktien oder Indizes setzen.

30.

Ich schwanke zwischen einem Bonus-Zertifikat und einem Diskont-Zertifikat. Was ist wohl das bessere Produkt für mich?

Grundsätzlich: Mit einem Diskont-Zertifikat sind Ihre Gewinnchancen nach oben begrenzt; das sind sie mit einem normalen Bonus-Zertifikat eben nicht. Mit beiden Produkten kann Ihr ausgewähltes Basisprodukt auch fallen, und Sie gewinnen trotzdem. Letztlich sollten Sie sich den Verlustpuffer näher anschauen.

Grob kann ich Ihnen folgende Faustformel mitgeben: War der Kursverlauf der Aktie in der Vergangenheit immer stark schwankend, dann dürfte Ihr Diskont-Zertifikat einen hohen Verlustpuffer haben. Zahlt die Aktiengesellschaft, auf die Sie ein Zertifikat wählen, eine überdurchschnittlich hohe Dividende, so dürften Sie bei einem Bonus-Zertifikat interessante Parameter vorfinden.

31.

Ich will kein Risiko eingehen und dennoch am Aktienmarkt partizipieren. Geht das überhaupt?

Das ist möglich und besonders bei Anlegern beliebt, die sich erstmalig für strukturierte Produkte interessieren. Es gibt einige so genannte kapitalgeschützte Produkte am Markt.

Grob funktionieren sie wie folgt: Sie investieren in eine Anleihe, die am Ende garantiert 100 Prozent zurückzahlt. Dafür zahlen Sie etwa 97 Prozent. Experten sprechen hier von Zero-Bonds oder Nullkupon-Anleihen. Die 3 Prozent, die Sie mit solch einem Bond auf jeden Fall gewonnen hätten (100-97), investiert der Emittent in eine Option auf einen Aktienkorb. Im schlimmsten Fall verfällt die Option wertlos – Sie konnten also nicht am Aktienmarkt partizipieren – dafür ist Ihnen die Rückzahlung von 100 Prozent gewiss. Varianten bestehen in der Art des Basiswertes, der Höhe der Partizipation und gar dem Vorhandensein eines Mindestkupons.

32.

Ich interessiere mich für Hedge Fonds, allerdings waren sie in Deutschland ja lange nicht direkt zugelassen; man konnte sie also nicht kaufen. Bietet der Derivatemarkt hier auch Möglichkeiten?

Er bietet sie. Es gibt nämlich Zertifikate auf Hedge Fonds sowie Zertifikate auf einzelne Hedge-Fonds-Strategien. Diese Zertifikate sind wie alle anderen strukturierten Produkte handelbar und laufen eins zu eins zum jeweiligen Hedge Fonds.

33.

Ich hätte gerne mehr als meine Minizinsen, die ich für Tagesgeld bekomme, will aber kein Risiko eingehen.
Unter den Derivaten soll es da Alternativen geben...?

Fürwahr die gibt es, und sie zeigen den Reiz der Derivate für Jedermann. Wer sein Geld auf dem Giro- oder Tagesgeldkonto oder gar auf dem Sparbuch liegen lässt, ist selbst daran Schuld. Tut mir leid, aber ich muss es so eindeutig sagen. All die Produkte, über die ich hier schreibe, können Sie jeden Tag kaufen und verkaufen, Sie sind also keineswegs an eine bestimmte Laufzeit gebunden, was im Übrigen manch attraktiv erscheinendes Festgeldangebot durchaus ist. Alternativen sind etwa kapitalgeschützte Zertifikate, Konstruktionen, die gekoppelt an die Aktienentwicklung 4 oder 5 Prozent und mehr bieten. Weitere Alternativen sind extrem konservative Diskont-Zertifikate mit kurzer Laufzeit. Wer die Vielfalt einmal kennen gelernt hat, wird sicher nichts mehr auf dem Tagesgeldkonto liegen lassen. Wie viel Sie in Derivaten anlegen sollen? Ich lehne mich nicht zu weit aus dem Fenster, wenn ich Ihnen hier sage: 100 Prozent. Wir reden hier nicht über „Rumgezocke"; wir reden über vernünftige alternative Investments. Und da bietet die Welt der Derivate so viele Möglichkeiten, dass Sie mir nach dem Studium dieser 222 Fragen und Antworten sicherlich zustimmen werden.

34.
Entscheidend scheint mir doch, wie mein Derivat im Vergleich zum direkten Kauf einer Aktie läuft, oder?

Entscheidend ist, welche Erwartungen Sie in die Märkte hegen. Sicher erwarten Sie mit dem Derivat einen höheren Gewinn als mit einer Aktie? Die Grafik unten kann Ihnen bei der Orientierung hilfreich sein. Dabei werden die wichtigsten Anlageprodukte erwähnt. Ein Beispiel aus der Tabelle: Glauben Sie an seitwärts tendierende Märkte, so liegen Sie bei allen vier aufgelisteten Anlageprodukten besser als mit dem direkten Kauf der Aktie. Glauben Sie indessen an stark steigende Märkte, fahren Sie lediglich mit einem normalen Bonus-Zertifikat zumindest gleich gut. Hebelprodukte, also etwa Optionsscheine, habe ich hier einmal außen vor gelassen.

Zertifikatelösungen im Vergleich zur Direktanlage

Aktienkurs Zertifikat	⬇ fallend	↘ leicht fallend	➡ seitwärts	↗ leicht steigend	⬆ steigend
Aktien-anleihe Chance auf Zinsertrag	**Verlust** geringer als Aktie (reduziert um Kupon) (+)	**Risiko puffer** bis Höhe Kupon (+)	**Ertrag** in Höhe des Kupons (++)	**Ertrag** begrenzt auf Höhe des Kupons (+)	**Kein Ertrag** über Kupon hinaus (−)
Diskont Chance auf Kursgewinn	**Verlust** geringer als Aktie (reduziert um Diskont) (+)	**Risiko-puffer** bis Höhe Diskont (+)	**Ertrag** in Höhe des Diskonts (++)	**Ertrag** begrenzt auf Performance bis zum Cap + Diskont (+)	**Ertrag** begrenzt auf Performance bis zum Cap + Diskont (−)
Double Chance Chance auf Kursgewinn	**Verlust** wie Aktie (=)	**Verlust** wie Aktie (=)	**Ertrag** wie Aktie (=)	**Ertragsverdopplung** bis zum Cap (++)	
Bonus Chance auf Kursgewinn	**Verlust** wie Aktie (=)	**voller Bonus** trotz Kursverlust (++)	**voller Bonus** trotz Seitwärtsbewegung (++)	**voller Bonus** höher als Kursanstieg (+)	**Ertrag** wie Aktie (=)

I | Auswahl

35.
Wenn ich mir die Vielfalt der Derivate anschaue, stellt sich die Frage, ob ich überhaupt noch andere Produkte kaufen soll?

Herrje, wie werden mir die Anbieter von anderen Finanzprodukten an den Hals springen, wenn ich Ihnen nun sage, dass diese Frage Berechtigung hat. Wichtig ist festzuhalten, dass Sie eben mit diesen Produkten auf alles spekulieren können – auf Edelmetalle, auf Immobilien, auf Aktien, auf Währungen, gar auf Investmentfonds. Und Sie können das transparent, schnell, sekündlich, länderübergreifend, individuell zugeschnitten, mit viel Service versehen, risikoscheu und risikofreudig tun. Was will das Anlegerherz mehr?

36.
Spielt Charttechnik bei der Auswahl von strukturierten Produkten eine Rolle?

Nicht direkt. Ihr Produkt ist ja „schlicht" ein abgeleitetes Produkt; Sie setzen also auf die Kursentwicklung eines bestimmten Basiswertes, egal ob dies eine Aktie, ein Index, eine Währung oder ein Rohstoff ist. Wenn Sie also Charttechnik anwenden wollen, dann nur beim Basiswert.

37.
Wie wichtig ist eine steuerliche Überlegung bei der Produktauswahl?

Die Steuer spielt immer eine Rolle. Wer auch immer, wann auch immer, in was auch immer investiert, sollte um die steuerlichen Belange Bescheid wissen. Die Steuer kann nämlich einen Großteil Ihres Gewinns reduzieren. Durch geschicktes Kauf- und Verkaufsverhalten kann der Steueraufwand reduziert werden, und Verluste können sogar noch nützlich sein.

38.

Hin und wieder lese ich von Aktionen wie „No Spread-Tage".
Soll ich dann zuschlagen?

Warum nicht, ist doch billig. Allerdings ist es wie im Supermarkt. Warum soll ich einen Liter Milch kaufen, nur weil er zehn Cent billiger ist, ich aber eigentlich überhaupt keine Milch mag?

Natürlich sind das Lockangebote. Aber wenn Sie ohnehin vorhaben, etwa einen DAX-Schein zu kaufen, warum dann nicht jenen, der gerade „kostenfrei" angeboten wird? Es wäre allerdings fatal, vor lauter Kostenbewusstsein andere wichtige Aspekte beim Kauf zu ignorieren. Und ständig wegen diverser Angebote die Bank zu wechseln ebenso.

39.

In manchen Tageszeitungen sehe ich immer eine Liste
von Zertifikaten oder Optionsscheinen. Sind diese als Empfehlung
zu verstehen?

Keineswegs. Die Listen zeigen meist nur häufig gehandelte Papiere sowie solche mit hohem Emissionsvolumen. Der Markt und die Produktzahl ändern sich so schnell, dass Sie diese Liste lediglich zur ersten Orientierung heranziehen sollten. Die Emittenten bestimmen hier im Übrigen meist selbst, welche Scheine in der Zeitung stehen. Eine noch längere Liste wäre meist nicht sinnvoll und dürfte auch die Seitenzahl der Tageszeitungen sprengen.

| Auswahl

40.

Ich nutze gerne den Videotext. Dort werden auch diverse Produkte und deren Preise aufgelistet. Kann ich diese für meine Kaufentscheidung heranziehen?

Aufpassen! Zwar geben die Tafeln im Videotext vom Fernsehsessel aus einen ganz guten Überblick darüber, was die Emittenten im Angebot haben, die Kurse darin sind jedoch nicht ganz aktuell, sollten also beim tatsächlichen Kauf immer noch einmal abgefragt werden. Das größte Produktangebot finden Anleger auf den Videotextseiten des Nachrichtensenders n-tv.

Funktionsweise

41.
Aus welchen Bestandteilen setzt sich überhaupt der Preis eines normalen Optionsscheines zusammen?

Schlicht gesagt aus seinem inneren Wert und dem Zeitwert.

Angenommen, eine Aktie notiert bei 50 Euro. Sie kaufen einen Call, der einen Basispreis von 40 Euro hat. Sie haben also das Recht gekauft, die Aktie zu 40 Euro zu beziehen. Der Schein muss daher mindestens zehn Euro (50-40) wert sein. Das ist der innere Wert.

In der Praxis kostet der Schein allerdings mehr. Sagen wir 12 Euro, dann sind 2 Euro sozusagen die Prämie, die Sie für das Recht zahlen, am Ende der Laufzeit die Aktie, die dann vielleicht bei 100 Euro notiert, trotzdem zu 40 Euro zu beziehen.

42.
Wenn ich beispielsweise einen Call auf Nokia kaufe, bezieht sich dann der Schein auf die in Frankfurt gehandelte Nokia-Aktie?

Nokia ist eine finnische Aktie, deren Heimatbörse die Helsinki Stock Exchange ist. Derivate auf Nokia beziehen sich also auf die Aktie in Helsinki. Ist die Börse in Helsinki geschlossen – etwa weil dort ein Feiertag ist – so versucht der Händler natürlich, sich über andere Börsen mit regem Handel abzusichern. Entsprechend basiert das Derivat dann auf den Nokia-Aktien in Frankfurt oder in New York – mit entsprechender Berücksichtigung der Wechselkurse.

Wichtig: Ein mögliches vorzeitiges Ende bei Knock-Out-Derivaten kann indessen lediglich zu Helsinki-Handelszeiten erfolgen. Also informieren Sie sich, wann die Finnen feiern.

43.
Welches sind die relevanten Schlusskurse zur Abrechnung eines Derivates?

Es zählt immer der Schlusskurs der Heimatbörse. Sie müssen also wissen: Welches ist die Heimatbörse etwa von Nokia (Finnland) und wann wird der Schlusskurs an der dortigen Börse festgestellt.

Die Zeiten müssen keineswegs mit denen in Deutschland identisch sein. In Asien und in Amerika versteht sich das von selbst. In Deutschland zählt der XETRA-Schlusskurs um 17.30 Uhr. Zwar wird danach noch auf dem Parkett bis 20 Uhr gehandelt, allerdings gelten diese Kurse für die Abrechnung des Derivates, wie auch für mögliche Knock-Out-Ereignisse, nicht.

44.
Mein Call steigt nicht – obwohl die Aktie steigt.
Was soll das?

Das kann leider passieren, sorgt aber immer wieder für Ärger bei den Investoren. Haben diese doch den Call-Schein gekauft, um an steigenden Kursen zu partizipieren. Aber sie haben leider eines vergessen, und das ist für Optionsschein-Anleger eminent wichtig: die Volatilität. Sie ist eine Kennzahl, die den Preis eines Optionsscheins entscheidend beeinflusst.

Faustformel: Je höher die so genannte implizite Volatilität, desto höher der Preis des Scheines. Nimmt sie nun ab, verliert auch der Schein. Gehen Sie mal auf die Internet Seite www.onvista.de. Dort können Sie unter dem Menüpunkt „Optionsscheine" und „Optionsscheine vergleichen" ein Szenario durchrechnen. Sie werden staunen, wie viel Ihr Schein verliert, wenn die implizite Volatilität auch nur ein wenig nach unten geht.

45.
Jeder Experte sagt, die Volatilität sei wichtig. Erklären Sie mir kurz,
welche Rolle sie einnimmt?

Die Volatilität – das ist die Kursschwankung, die eine Aktie vollführt. Experten sprechen kurz von „Vola". Eben jene Vola ist tatsächlich extrem wichtig.

Als Faustformel gilt: Je höher die implizite Volatilität – das ist sozusagen die eingerechnete Vola – ist, desto teurer der Optionsschein. Wenn also eine Aktie in der Historie stark schwankte, impliziert man auch für die Zukunft eine höhere Schwankung der Aktie, und somit ist ein Schein darauf teurer.

Der Gedankengang: Hohe Schwankungsanfälligkeit bedeutet eine höhere Wahrscheinlichkeit, dass der Schein ein bestimmtes – ob hohes oder niedriges Niveau – erreicht. Nun kann es natürlich sein, dass die Vola sinkt; die Aktie, die gestern also noch wild schwankte, plötzlich langsam aber stetig in eine Richtung marschiert beziehungsweise stagniert.

Die Folge: Die Vola in der Aktie fällt und damit auch die implizite Volatilität im Optionsschein, was gleichbedeutend mit einem Preisverfall beim Optionsschein ist. Es gilt daher, stets die Vola des Basiswertes im Auge zu behalten.

Und noch etwas: Wenn Kurse stark fallen, steigt die Vola weitaus mehr, als wenn die Kurse stark steigen.

DAX vs. implizite Volatilität

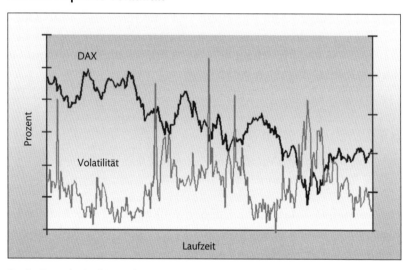

Quelle: Deutsche Bank X-markets

46.

Immer wieder lese ich, dass der Abschlag, den ich beim Kauf von Diskont-Zertifikaten erhalte, eben von der Volatilität des Basiswertes abhängt. Stimmt das?

Tatsächlich ist es so, dass Diskont-Zertifikate umso attraktiver sind, je höher die Volatilität, also die Schwankungsintensität der Aktie oder des Index ist.

In dem Konstrukt Diskont-Zertifikat steckt nun mal auch eine Option. Und da eine Option umso teurer ist, je höher die Volatilität ist, kommt es Ihnen zugute. Denn: Sie treten unbewusst als ein Verkäufer der Option auf, bekommen also mehr Geld.

Daher folgt also der Zusammenhang: Je größer die Schwankung, umso attraktiver Diskont-Zertifikate.

47.

Von welchen Einflussfaktoren hängt der Preis eines Optionsscheins ab?

Zum einen natürlich von dem Börsenkurs des Basiswertes. Wenn eine Aktie fällt, wird ein Call in der Regel nicht steigen. Es folgen Dividenden, Zinsen, Laufzeit und schließlich die Volatilität, also die Kursschwankung des Basiswertes.

48.
Wie wirken die Einflussfaktoren im Einzelnen auf den Optionspreis?

Folgendes Schaubild verdeutlicht Veränderungen bei den Einflussgrößen auf Call- und Put-Scheine.

Einflussfaktoren	Call-Schein	Put-Schein
Kurs Basiswert ↑	↑	↓
Restlaufzeit ↑	↑	↑
Volatilität ↑	↑	↑
Zins ↑	↑	↓
Dividende ↑	↓	↑

Quelle: Deutsche Bank X-markets

49.

Immer wieder lese ich etwas von so genannten Griechen im Zusammenhang mit Optionsscheinen. Können Sie mir erklären, was sich dahinter verbirgt?

Das sind Bewertungskennzahlen für Optionsscheine. Sie geben Auskunft darüber, wie sich Ihr Optionsschein in bestimmten Situationen verhalten sollte.

Zu den „Griechen" gehören:

- das Delta (zeigt die absolute Veränderung des Scheins, bei Veränderung der Aktie um 1 Euro an),
- das Theta (zeigt den Einfluss des Zeitwertverfalls),
- das Gamma (misst die absolute Veränderung des Deltas),
- das Omega (Mehrertrag mit dem Optionsschein im Vergleich zur Aktie in Prozent),
- das Vega (prozentualer Einfluss der Änderung bei der Volatilität) sowie
- das Rho (Veränderung des Optionsscheins bei Zinsänderungen – in Prozent).

Ich werde in diesem Buch nicht im Detail auf die Griechen eingehen und verweise auf spezielle Optionsscheinliteratur, auf diverse Statistiken und deren Glossars sowie auf die Optionsschein-Serie „Learning Curve" der Deutschen Bank.

50.
Was bedeutet Aufgeld im Zusammenhang mit Optionsscheinen?

Wenn Sie einen Optionsschein auf die Aktie kaufen ist dieser teurer, als wenn Sie die Aktie direkt kaufen. Zwar nicht optisch, aber doch prozentual. Ist auch klar, Sie kaufen ja das Recht, eine Aktie zu einem späteren Zeitpunkt zu einem bestimmten Kurs zu erwerben (Call) oder zu verkaufen (Put). Den Mehraufwand dafür bezeichnet man als Aufgeld. Aus der Kennzahl kann der Anleger herauslesen, um wie viel Prozent der Basiswert bis zum Verfall steigen beziehungsweise fallen muss, damit sich die gezahlte Optionsprämie amortisiert.

Unten habe ich eine Formel aufgeführt. Das Ergebnis ist in Prozent zu sehen. Ein Ergebnis von 5 heißt: Die Aktie muss bis Laufzeitende 5 Prozent zulegen, damit der Anleger wenigstens den Aufwand der Optionsprämie ausgeglichen hat. Alles was darüber hinausgeht, ist sein Gewinn.

Übrigens: Mit abnehmender Restlaufzeit verringert sich üblicherweise das Aufgeld des Optionsscheins.

$$\text{Call:} \quad \frac{\frac{\text{Kurs Optionsschein}}{\text{Bezugsverhältnis}} + \text{Basispreis} - \text{Kurs Basiswert}}{\text{Kurs Basiswert}}$$

$$\text{Put:} \quad \frac{\frac{\text{Kurs Optionsschein}}{\text{Bezugsverhältnis}} + \text{Kurs Basiswert} - \text{Basispreis}}{\text{Kurs Basiswert}}$$

51.
Kann ich die Scheine einfach nach dem Aufgeld miteinander vergleichen?

Betrachten Sie rein das Aufgeld eines Scheines, dann sollten Sie darauf achten, dass Sie sich das jährliche Aufgeld anschauen.

Nur so ergibt die Betrachtung Sinn. Schließlich hat ein Schein mit längerer Restlaufzeit bei sonst identischen Eckdaten logischerweise ein höheres Aufgeld.

Nach folgender Formel können Sie ganz einfach das jährliche Aufgeld berechnen.

$$\text{Call:} \quad \frac{\text{Aufgeld}}{\text{Restlaufzeit Optionsschein}}$$

$$\text{Put:} \quad \frac{\text{Aufgeld}}{\text{Restlaufzeit Optionsschein}}$$

52.
Wie berechnet sich der Hebel?

Der Hebel ist der Grund für die Attraktivität von Optionsscheinen.

Die Hebelkennzahl ist schlicht das Verhältnis aus Basispreis und Optionsscheinprämie. Wenn Sie nun die prozentuale Veränderung einer Aktie mit dem Hebel multiplizieren, so wissen Sie ungefähr wie sich Ihr Optionsschein verändern sollte.

Haben Sie also einen Schein mit Hebel 5, so wird Ihr Schein eine 1-prozentige Veränderung der Aktie mit 5 Prozent nachvollziehen.

Achtung: Das ist aber nur dann exakt der Fall, wenn der Optionsschein „tief im Geld" notiert. Daher ist der Hebel nur sehr bedingt anzuwenden; besser: der theoretische Hebel (siehe Frage 54).

$$\text{Hebel} = \frac{\text{Kurs Basiswert} \times \text{Bezugsverhältnis}}{\text{Kurs Optionsschein}}$$

II Funktionsweise

53.
Welche Kennzahl muss ich beachten, wenn ich wissen will, wie stark mein Schein steigt, wenn die Aktie steigt?

Die Kennzahl Omega kann Ihnen weiterhelfen. Sie sagt schlicht, um wie viel Prozent sich der Kurs des Optionsscheins verändert, wenn sich der Basiswert um ein Prozent verändert. Die Zahl ist damit aussagekräftiger als etwa der vielfach in den Medien kommunizierte Hebel.

Ein Omega von 5 bedeutet, dass ein Call theoretisch um 5 Prozent steigt, wenn der Basiswert um ein Prozent steigt.

Das Omega wird auch als effektiver Hebel bezeichnet.

54.
Der Hebel soll doch recht ungenau sein. Stimmt das?

Ja, das stimmt. Besser geeignet als der effektive Hebel ist nämlich der theoretische Hebel. Er geht darauf ein, wie weit ein Schein im Geld liegt oder nicht.

Faustformel: Je tiefer im Geld, desto mehr gleicht der theoretische Hebel dem „normalen" Hebel.

Zur Berechnung des theoretischen Hebels wird lediglich der „normale Hebel" mit der bekannten Kennzahl „Delta" multipliziert.

55.

Warum verliert ein normaler Schein gegen Ende der Laufzeit so rasant an Wert?

Kennen Sie die Zeitwert-Kurve? Schauen Sie sich einmal die Grafik unten an. Sieht sie nicht wahrlich beängstigend aus? Die Kurve zeigt den Wertverlust eines Optionsscheines gegen Ende seiner Laufzeit – und das rein aufgrund des Zeitwertverlustes. Ein Optionsschein besteht grundsätzlich aus einem inneren Wert und einem Zeitwert. Im Zeitwert zeigt sich die Chance, dass der Schein noch einen positiven Verlauf nimmt. Je mehr Zeit allerdings vergeht, desto mehr nimmt dieser Wert ab und ist am Ende gar Null. Je geringer die Chance ist, dass der Schein am Ende noch einen inneren Wert erhält, desto rasanter nimmt der Zeitwertverfall zu.

Tipp:
Lassen Sie es nicht so weit kommen. Verkaufen Sie Ihr Papier vorher!

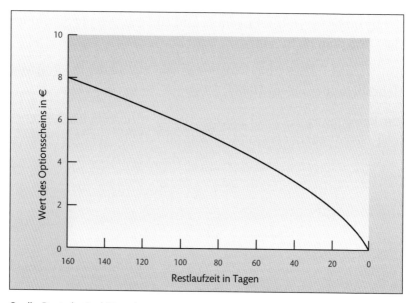

Quelle: Deutsche Bank X-markets

56.
Ich will auf einen steigenden Dollar gegenüber dem Euro setzen. Was muss ich tun?

Das Verhältnis wird im Derivategeschäft als Euro/Dollar bezeichnet. Wenn Sie nun einen gegenüber dem Euro steigenden Dollar erwarten, müssen Sie zwangsläufig auf einen fallenden Euro setzen. Also einen Euro/Dollar-Put kaufen.

Scheint klar, doch zur alten DM-Zeit war das noch umgekehrt.

Wer auf einen steigenden Dollar gegenüber der Deutschen Mark setzen wollte, musste Calls kaufen. Das Verhältnis war nämlich schlicht als DM/Dollar ausgeschrieben.

Es gibt übrigens eine Vielzahl von Euro/Dollar-Scheinen mit unterschiedlichen Laufzeiten am Markt.

57.
Warum gibt es überhaupt einen Spread, also eine Differenz zwischen dem Kurs zu dem ich kaufen und demjenigen zu dem ich meine Produkte zur gleichen Zeit verkaufen könnte?

Manche Personen behaupten, dass der Spread der Verdienst der Bank sei. Diese Aussage ist so nicht richtig.

Da die Aktien beziehungsweise andere Basiswerte immer mit einer Geld-Brief-Spanne gehandelt werden, muss ein Optionsschein ebenfalls mit einem Spread gehandelt werden.

Denn wenn Sie einen Call kaufen, muss die Bank den Basiswert kaufen. Somit zahlen die Emittenten auch den teueren Kurs für die Aktie.

Im abgebildeten Beispiel zahlen Sie aktuell 1,78 Euro für den Schein, während Sie beim Verkauf 1,76 Euro bekommen würden. In den Zeilen darunter finden Sie die zuvor gestellten Kurse.

DEDBODBK=DBBL

Bid	Ask
1.760	1.780
1.770	1.780
1.770	1.790

58.
Warum gibt es keine einheitlichen Spreads?

Das gibt es auch bei Aktien nicht. Es macht eben einen Unterschied, ob Sie eine Telekom-Aktie kaufen oder etwa eine Aktie von Qiagen. Die Umsatzzahlen sind einfach zu unterschiedlich, weshalb zwischen An- und Verkaufskurs eine mehr oder weniger große Spanne entsteht. Und weil dies nun bei Aktien der Fall ist, ist es entsprechend auch bei Derivaten auf eben jene Aktien der Fall.

Faustformel: Je illiquider die Aktie, desto größer der Spread des Optionsscheines und auch des Zertifikates.

Übrigens: Während der XETRA-Handelszeiten sollte der fixierte Spread konstant bleiben. Achten Sie darauf. Nachbörslich schaut es oftmals anders aus, schließlich ist der Umsatz in den Aktien dann auch weitaus geringer.

II **Funktionsweise**

59.
Wo liegt der Unterschied zwischen Kauf von Optionen und Kauf von Optionsscheinen?

Optionen werden an der Terminbörse – etwa der Eurex – gehandelt. Es gibt nur eine begrenzte Auswahl an Basiswerten. Optionen sind standardisiert, was sie gegenüber Optionsscheinen benachteiligt. Bei letzteren können die Emittenten nämlich die Parameter (Basispreis, Laufzeit, Art der Lieferung) frei bestimmen. Für Privatanleger sind Optionen darüber hinaus mit hohen Gebühren verbunden.

60.
Ich besitze einen Japan-Schein, der am 12. August ausläuft. Welcher Schlusskurs des Nikkei 225 wird in diesem Fall als Referenzkurs herangezogen?

Im Fall von Japan-Scheinen ist der Schlusskurs in meinem Beispiel am 13. August. Japan handelt von 1 Uhr bis 8 Uhr deutscher Zeit (Sommerzeit). Seien Sie also vorsichtig, und lesen Sie immer die jeweiligen Bedingungen.

61.
Wenn ich einen Schein auf eine ausländische Aktie besitze, gehe ich da nicht ein Währungsrisiko ein?

Gehen Sie, klar. Aber Sie können das Risiko genauso gut als Chance sehen. Wenn Ihr Schein sich bewegt, dann sollten Sie sich auch immer fragen, wie viel davon durch die Veränderung des Wechselkurses herbeigeführt wurde.

62.

Wie muss ich das Wechselkursverhältnis bei der Preisberechnung eines Optionsscheins beziehungsweise Zertifikats berücksichtigen?

Sobald Sie ein Papier auf ein Nicht-Euro-Land oder einen Nicht-Euro-Index betrachten, müssen Sie zur Berechnung das Wechselkursverhältnis beachten. Und dieser Kurs ändert sich im Sekundentakt. Währungen werden nämlich rund um die Uhr gehandelt.

Wenn Sie etwa bei einem Zertifikat auf eine amerikanische Aktie wissen wollen, wie hoch Ihr maximaler Gewinn ist, dann müssen Sie bedenken, dass die Eckdaten zwar in Dollar zu sehen sind, das Zertifikat aber bekanntlich in Euro notiert. Also gilt es den Produktpreis in Dollar umzurechnen um somit das Wechselkursverhältnis richtig zu berücksichtigen. Das gilt im Übrigen bei allen anderen Produkten auf Nicht-Euro-Basiswerte ebenso.

63.

Rohstoffe wie Gold und Silber notieren doch in Dollar. Kaufe ich nun ein strukturiertes Produkt, so muss ich Euro zahlen. Ist das richtig?

Bei den meisten Produkten ist diese Frage mit einem klaren „JA" zu beantworten, da diese an den deutschen Börsen auch in Euro notiert sind. Es gibt aber auch einige Ausnahmen die in der jeweiligen Währung gehandelt werden. Folgendes ist also bei einem in Euro gelisteten Produkt, dessen Basiswert z.B. in US-Dollar notiert zu beachten: Wann immer der Goldpreis steigt, freut es Sie, wenn Sie etwa mit einem Call auf höhere Notierungen gesetzt haben.

Aber Achtung: Parallel kann der Dollar gegenüber dem Euro gleichzeitig durchaus an Wert verloren haben. Im Extremfall könnten Sie, trotz steigendem Goldpreis, mit Ihrem Call Geld verlieren. Sie müssen also stets umrechnen. Natürlich kann das Investment auch doppelt gut für Sie laufen. Steigt sowohl der Goldpreis als auch der Dollar, werden Sie mit Ihrem Call Freude haben.

64.
Ab und zu lese ich den Zusatz „Quanto" bei einem Produkt. Was bedeutet das?

Das heißt schlicht, dass Ihr Produkt währungsgesichert ist. Mit dem Kauf eines Zertifikates auf ausländische Aktien oder Indizes gehen Sie in der Regel auch eine Währungsspekulation ein. Diese ist bei „Quanto-Scheinen" ausgeschlossen.

65.
Was passiert mit dem Preis eines Derivates, wenn sich die Dividende während der Laufzeit verändert?

Kurse von Derivaten werden auf Basis einer bestimmten Dividenden-Ausschüttung der Unternehmen berechnet. So kann ein Preisunterschied manchmal einfach auf unterschiedlichen Erwartungen hinsichtlich der Ausschüttung basieren. Wenn sich nun plötzlich die Dividende stark verändert oder gar ausfällt, so macht sich dies im Derivat bemerkbar. Starke Dividendenerhöhungen lassen die Kurse beispielsweise der Calls oder der Bonus-Zertifikate fallen. Für Neueinsteiger sind zu dem Zeitpunkt die Produkte dann natürlich günstiger als zuvor. Wer einen Put-Optionsschein besitzt, der kann sich über die plötzliche Mehrausschüttung des Unternehmens freuen. Sein Schein steigt.

Optionsprämie bei veränderter Dividendenerwartung

Bezeichnung	Call-Optionsschein	Put-Optionsschein
Dividende ↗	↘	↗
Dividende ↘	↗	↘

steigt ↗   fällt ↘

66.

Ich habe gehört, man könne über ein Derivat eine Aktie billiger erwerben, als wenn man sie direkt kaufen würde.
Hört sich nach einer Art „Wunderwaffe" an...?

Sie können über ein Derivat tatsächlich eine Aktie günstiger bekommen.

Ein Beispiel: Angenommen Ihre Lieblingsaktie kostet 80 Euro, dann kostet ein so genanntes Diskont-Zertifikat auf eben diese Aktie beispielsweise 70 Euro – also zehn Euro weniger. Dies liegt daran, dass Sie mit dem Zertifikat gleichzeitig eine Option verkauft, also Geld eingenommen, haben. Das haben nicht Sie selbst gemacht, sondern der Emittent automatisch für Sie.

Der Vorteil nun: Sie kaufen die Aktie billiger.

Der Nachteil: Sie bekommen keine Dividende, und Sie sind nach oben mit Kursgewinnen begrenzt. Das ist die Grundidee der beliebten Diskont-Zertifikate.

67.

Kann ich mit einem Diskont-Zertifikat mehr verlieren als mit der Aktie?

Ein klares Nein. Sie haben ein geringeres Risiko als mit der Aktie. Der Grund ist einfach: Im schlechtesten Fall erhalten Sie am Ende der Laufzeit Ihres Diskont-Zertifikates ja die Aktie geliefert. Da Sie aber ursprünglich billiger in die Aktie eingestiegen sind, haben Sie am Ende gegenüber dem Aktionär immer noch einen Kursvorteil. Allerdings entgeht Ihnen als Besitzer eines Diskont-Zertifikates die Dividende. Dies müssten Sie zu einem fairen Vergleich noch berücksichtigen – allerdings nach Steuer.

68.
Wie entwickelt sich ein Diskont-Zertifikat, wenn parallel die Aktie steigt beziehungsweise fällt?

Das Zertifikat partizipiert wegen des eingebauten Caps unterproportional an Kurssteigerungen der Aktie.

Fällt indessen der Basiswert oder läuft er seitwärts, so entwickelt sich das Zertifikat wegen des Diskonts besser als der Basiswert.

69.
Wie errechnet sich der maximale Gewinn eines Diskont-Zertifikates?

Ganz einfach: Sie nehmen den aktuellen Kurs des Zertifikates und blicken auf den angegebenen Cap.

Beträgt der Cap 100 Euro und Ihr Zertifikat kostet 90 Euro, dann beträgt Ihr maximaler Gewinn 11,11 Prozent. Der Cap gibt die Gewinngrenze an. Mehr als 11,11 Prozent ist also mit dem Zertifikat nicht drin.

Aber achten Sie darauf, ob die Prozentangaben sich auf ein Jahr oder die gesamte Laufzeit beziehen!

70.

Ich lese immer mal wieder etwas über einen Outperformance-Punkt. Was ist das überhaupt?

Sie lesen dies sicher häufig im Zusammenhang mit Diskont-Zertifikaten. Es geht schlicht darum, dass der Anleger nach einer Antwort auf die Frage sucht: Bei welcher Kursentwicklung der Aktie ist ein Diskont-Zertifikat die bessere Entscheidung als direkt in die Aktie zu investieren?

Liegt die Aktie am Ende der Laufzeit über dem Outperformance-Punkt, so wäre – im Nachhinein betrachtet – ein Direktinvestment in die Aktie besser gewesen, liegt der Kurs darunter, hätte sich ein Investment in einen Diskonter ausgezahlt.

Natürlich weiß man das im Vorfeld nicht, aber es gibt dem Anleger ein Gefühl dafür, welche Entscheidung wohl bei welcher Kurserwartung die richtige sein könnte.

Sie selbst müssen entscheiden, was Sie der Aktie innerhalb des Zeitraumes zutrauen.

II Funktionsweise

71.
Wie errechnet sich denn ein Outperformance-Punkt?

Sie nehmen den Kurs der Aktie oder des Index, teilen diesen durch den Kurs des Diskont-Zertifikates und multiplizieren das Ganze dann mit der Höhe des Caps.

Klingt kompliziert, ist es aber gar nicht. Beispiel – siehe Grafik: Der DAX notiert bei 5.919 Punkten, ein Diskont-Zertifikat auf den Index kostet 53,07 Euro, der Cap liegt bei 5.900 Punkten. Demnach sieht die Rechnung so aus: 5.919 / 53,07 x 5900. Unter Berücksichtigung des Bezugsverhältnisses von 1:100, lautet schließlich das Ergebnis 6.580.

Fazit: Bei einem Indexstand von über 6.580 wäre es also am Ende besser gewesen, Sie hätten den Index gekauft und nicht das Diskont-Zertifikat.

Es ist nun Ihnen überlassen, ob Sie dem Index eine solche Kurssteigerung in der Laufzeit zutrauen oder nicht.

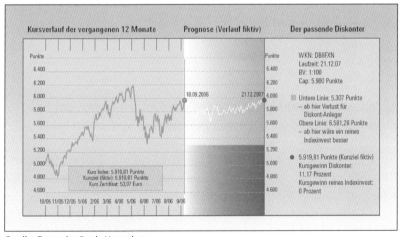

Quelle: Deutsche Bank, X-markets

72.

Ich besitze ein Diskont-Zertifikat auf eine amerikanische Aktie. Ich kann rechnen wie ich will, ich komme einfach nicht auf den angegebenen Outperformance-Punkt ...?

In diesem Fall vermute ich mal, dass Sie schlicht vergessen haben, die Währung zu berücksichtigen. Richtig? Keine Sorge, da sind Sie nicht der einzige. Es ist auch nicht so einfach, notiert doch das Zertifikat bekanntlich in Euro, aber die Aktie, auf die sich das Zertifikat bezieht, in Dollar. Was ist nun mit dem Cap? Ist der in Dollar oder in Euro? Machen Sie sich's einfach: Rechnen Sie zunächst Ihr Euro-Zertifikat in Dollar um. Dann nehmen Sie den Kurs der Aktie (in Dollar natürlich), teilen diesen durch den Zertifikatekurs (nun in Dollar) und multiplizieren das Ganze mit dem Cap (der ohnehin in Dollar zu sehen ist). Alles klar?

Beispiel: Die Aktie notiert bei 100 Dollar, das Diskont-Zertifikat auf diese Aktie kostet 70 Euro. Die Kursobergrenze dieses Diskonters beträgt 110 Dollar, und ein Euro kostet zu dem Zeitpunkt 1,25 Dollar. Der Preis des Zertifikates umgerechnet in Dollar beträgt 87,50 Dollar. Nach obiger Formel liegt in diesem Beispiel der Outperformance-Punkt somit bei 125,71 Dollar.

73.

Mein Diskont-Zertifikat notiert über dem Cap. Ich dachte, das kann nie der Fall sein, da ich doch maximal den Cap ausbezahlt bekomme?

Richtig, das kann eigentlich nicht sein. In diesem Fall vermute ich, dass Sie ein Diskont-Zertifikat auf eine Aktie, einen Index oder Rohstoff besitzen, der nicht in Euro notiert. Und hier müssen Sie natürlich an die Umrechnung denken. Der Cap wird immer in Landeswährung angegeben.

II **Funktionsweise**

74.

Was passiert eigentlich mit meinem Diskont-Zertifikat, wenn die Aktie am Ende der Laufzeit unter dem Cap notiert? Bekomme ich dann die Aktie oder Bargeld?

In der Mehrzahl der Fälle bekommen Sie dann den Gegenwert der Aktie in bar auf Ihr Depot beziehungsweise Ihr Verrechnungskonto gutgeschrieben. Dies nennt sich in der Fachsprache „Cash-Settlement" und ist so vorab in den Bedingungen für das Produkt definiert.

Es kann aber durchaus auch vorkommen, dass Sie die Aktie ins Depot geliefert bekommen. Dann nämlich, wenn für das Produkt ein „physisches Settlement" vereinbart wurde. Es steht Ihnen dann natürlich frei, diese Aktie sofort am Markt zu verkaufen. In den Produktbedingungen steht im Übrigen deutlich, ob es zur Aktienlieferung kommen kann oder doch zum Barausgleich.

Übrigens: Steht die Aktie am Ende überm Cap, gibt es immer Cash.

75.

Ein Diskont-Zertifikat setzt sich ja einfach nur aus der Aktie und einem verkauften Call zusammen. Das kann ich mir doch auch selbst zusammenstellen, oder?

Klar, das können Sie, aber erstens nicht bei jeder Bank und zweitens kostet Sie das extra. Schließlich handeln Sie zwei Positionen: die Aktie und den Call.

In der Praxis macht das kein Privatanleger. Warum soll man es sich auch schwer machen, wenn man es einfach haben kann?

76.
Was steckt hinter dem Produkt Rolling Diskont-Zertifikat?

Die Märkte bewegen sich, weshalb es durchaus sinnvoll sein kann, die Kursobergrenzen von Diskont-Zertifikaten regelmäßig anzupassen.

Bei den Rolling Diskont-Zertifikaten wird dies monatlich nach fixen Kriterien von den Managern gemacht. Somit kann der Anleger sicher sein, immer mit einer dem Markt angepassten Kursobergrenze zu agieren, ohne selbst regelmäßig anpassen zu müssen.

Die Produkte haben eine endlose Laufzeit.

77.
Auf welches Niveau werden bei Rolling Diskont-Zertifikaten die Caps jeweils angepasst?

Die Caps werden einmal im Monat angepasst. Dabei sind drei Varianten von Rolling Diskont-Zertifikaten zu unterscheiden.

- Die konservative Variante wählt einen Cap von 95 Prozent des vorherigen Kursniveaus.

- Die neutrale bleibt exakt beim aktuellen Kursniveau (100 Prozent), während

- beim offensiveren Zertifikat ein Cap von 103 Prozent gewählt wird.

Von Emittent zu Emittent können die jeweiligen Cap-Höhen unterschiedlich sein.

78.
Was passiert mit der Dividende, wenn ich ein normales DAX-Zertifikat kaufe?

Die geht Ihnen nicht verloren. Experten sprechen vom DAX als einem Performance-Index.

Das heißt: Schüttet eine im DAX gelistet Firma eine Dividende aus, so fließt diese Dividende einfach in den DAX wieder ein. Die einzelne Aktie notiert zwar tags darauf mit Dividendenabschlag.

Aber was soll's: Im DAX zeigt sich der Abschlag nicht und somit auch nicht bei Ihrem DAX-Zertifikat. Eine feine Sache.

79.
Ich will es genau wissen: Welche Optionskonstruktion steckt hinter einem Bonus-Zertifikat?

Der Anleger erwirbt mit einem Bonus-Zertifikat auf beispielsweise BASF, die Aktie von BASF plus eine spezielle Put-Option auf BASF, die den Bonus absichert. Diese gibt es allerdings nicht umsonst.

Das heißt: Die Absicherung hat ihren Preis. Voraussetzung für die Konstruktionsweise sind Dividenden, mit denen die Vorzüge finanziert werden. Auf diese verzichtet nämlich ein Zertifikate-Investor. Er verzichtet allerdings nicht wirklich auf die Dividende, denn die Bank steckt diese ja gerade in die Absicherung des Zertifikates.

Neben Dividenden spielen natürlich noch weitere Einflussfaktoren, wie Volatilität und Zinsen, eine entscheidende Rolle.

80.

Express-Zertifikate haben eine bestimmte Laufzeit.
Dennoch kann es bereits vorher zur Rückzahlung kommen.
Ist das richtig?

Oh ja! Und zwar gibt es einmal im Jahr einen so genannten Beobachtungstermin. Exakt an dem Termin vergleicht der Emittent den Kurs der Aktie oder des Index mit dem Kurs der Aktie oder des Index zum Start des Express-Zertifikates.

Liegt der Kurs zum aktuellen Zeitpunkt gleich hoch oder gar höher als beim Start, so endet die Laufzeit des Zertifikates. Es kommt zur Rückzahlung eines vorher definierten Betrages. Ist dies nicht der Fall, läuft das Zertifikat einfach weiter, und im nächsten Jahr schaut man erneut auf den Index oder die Aktie.

Die Beobachtungstermine und mögliche Rückzahlungsbeträge sollten Sie beim Kauf kennen. Sie stehen in den Bedingungen.

81.

Bekomme ich bei Express-Zertifikaten am Ende der Laufzeit
auf jeden Fall mein Geld zurück?

Nein, Express-Zertifikate sind keine Garantie-Zertifikate. Die Rückzahlung von 100 Euro gibt es, wenn am Ende der Laufzeit der Index oder die Aktie nicht unter einem bestimmten Kurs (=Verlustschwelle) gerutscht ist. Steht die Aktie oder der Index jedoch darunter, erfolgt die Auszahlung anhand des Schlusskurses des Basiswertes.

82.
Was sind Strategie-Zertifikate?

Grundsätzlich basieren Strategie-Zertifikate auf passiven Ansätzen beim Management. Es sind also klare Kriterien und nicht wie etwa bei einem aktiv gemanagten Fonds subjektive Entscheidungen, die hinter dem Kauf bestimmter Aktien stehen.

Ein Beispiel wäre die Zusammensetzung von Aktien mit der höchsten Marktkapitalisierung – ganz gleich also, wie die restlichen Eckdaten der Aktie aussehen. Die Anzahl der Aktien ist von Beginn an fixiert, ebenso der Turnus eventueller Umschichtungen sowie Kriterien für die Umschichtung. Auf diesen Korb von Aktien gibt es schließlich Strategie-Zertifikate. Stets in der Erwartung die Benchmark – also einen bestimmten Vergleichsindex – zu schlagen.

83.
Was passiert mit meinen Scheinen, wenn eine Gesellschaft einen Aktiensplit ankündigt?

Immer wieder sorgen Aktiensplits zum einen für Freude, zum anderen für kurzzeitige Schockphasen. Kostet eine Aktie 100 Euro, so kann ein Split dazu führen, dass sie danach nur noch 10 Euro kostet. Der Inhaber hat aber keineswegs Geld verloren. Er hat nun schlicht zehnmal so viele Aktien im Depot. Die optische Preisreduzierung zieht häufig weitere Anlegerkreise an. Der Schock kommt ab und an gar bei professionellen Investoren, wenn Anleger vom Split nichts wussten und ihre Aktie plötzlich stark im Minus steht. Sie glauben gar nicht, wie entsetzt Anleger hier schon am Telefon reagiert haben.

Zu den Scheinen: Kommt ein Split, werden die Scheine in ihrem Bezugsverhältnis entsprechend angepasst. Also keine Sorge. Natürlich werden Sie auch nicht ausgeknockt, wenn durch den Split eine Grenze unterschritten wurde.

84.

Wie sieht eine Anpassung der Derivate bei einer Kapitalmaßnahme der Aktiengesellschaft konkret aus?

Dazu ein Beispiel: Die Aktiengesellschaft beschließt auf der Hauptversammlung einen Aktiensplit.

Das heißt: Wer bislang eine Aktie besaß, hat nunmehr zwei. Leider bekommen Sie diese aber nicht geschenkt. Jede einzelne ist dann nämlich nur noch die Hälfte wert.

Die Folge für Derivate auf diese Aktie: Ein Bezugsverhältnis, das zuvor noch eins zu eins lautete, ist nunmehr eins zu zwei. Nun muss der Basispreis des Optionsscheins angepasst werden.

Dies geschieht wie folgt: alter Basispreis geteilt durch Aktienkurs vor der Kapitalveränderung und geteilt durch Aktienkurs nach Kapitalveränderung.

Beispiel: Die Aktie kostet vor dem Split 100 Euro; der Basispreis des Derivates beträgt 80 Euro. Nach dem Split kostet die Aktie 50 Euro. Der Basispreis beträgt dann 40 Euro und das Bezugsverhältnis statt zuvor 1:1 nunmehr 1:2.

85.

Kann ich den Kurs eines Knock-Out-Scheines nachrechnen?

Klar, Taschenrechner raus und los geht's. Ein einfaches Beispiel: Der DAX notiert bei 7.000 Punkten. Ihr Knock-Out-Produkt hat eine Barriere von 6.900 Punkten. Demnach hat Ihr Schein einen Wert von 100 Punkten beziehungsweise 100 Euro. Da aber niemand so viel Geld für einen winzigen Schein hinlegt, hat man ein Bezugsverhältnis eingeführt. In unserem Beispiel 1:100.

Das heißt: Ihr Schein kostet nunmehr 1 Euro. Fazit: Ihr Knock-Out-Papier kostet also die Differenz zwischen aktuellem Kurs des

Basiswertes – etwa dem DAX – und der Barriere. Wenn Sie nun ab und an sehen, dass der Schein – um bei unserem Beispiel zu bleiben – statt 1 Euro aber 1,05 Euro kostet, dann liegt das an einem Aufgeld, das der Emittent eingerechnet hat. Wenn der Basiswert nah an der Barriere notiert, schwankt dieses Aufgeld.

Auch das so genannte Gap-Risiko, also das Risiko einer starken Marktbewegung, in einer Zeit in der man nicht reagieren/handeln kann (etwa über Nacht), kann sich auf den Preis des Knock-Out-Papieres niederschlagen, ihn also erhöhen.

86.
Bei den Knock-Out-Optionsscheinen beziehungsweise Hebel-Zertifikaten heißt es immer, der Hebel sei konstant.
Dennoch hat sich der Hebel meines Scheines nach dem Kauf verändert. Wie das?

Wer einen Schein kauft, schaut natürlich nach der Hebelgröße. Also um wie viel mehr der Optionsschein im Vergleich zum Basiswert steigt. Dieser Hebel bleibt nun mathematisch wie praktisch auch während der gesamten Laufzeit konstant.

Der Grund: Der Hebel berechnet sich in dem Moment in dem Sie den Optionsschein kaufen. Wenn Sie sich aber nun entscheiden den gleichen Optionsschein nochmals nachzukaufen, wird der Hebel neu berechnet, da sich gegebenenfalls der Basiswert und der Preis des Optionsscheins verändert hat. Der Hebel für Ihren alten Kauf bleibt aber bestehen. Das ist es, was die meisten Kunden verwirrt.

87.

*Ich besitze einen Knock-Out-Call auf die Deutsche Telekom.
Heute hat die Telekom Hauptversammlung, und morgen soll
die beschlossene Dividende ausbezahlt werden.
Die Aktie wird dann doch um den Abschlag fallen.
Wie macht sich dies in meinem Papier bemerkbar?*

Ein heißes Thema. Zunächst: Ja, den Abschlag wird es tags darauf bei der Aktie geben.

Es ist dennoch nicht ausgeschlossen, dass die Telekom doch im Plus startet, wenn etwa die Börse sich an dem Tag grundsätzlich gut gelaunt zeigt.

Doch angenommen, die Aktie fällt um besagte Dividendenhöhe von, sagen wir mal, 70 Cent. Wenn Sie nun ein Knock-Out-Papier *mit* Laufzeitbegrenzung haben, passiert Folgendes: Die Dividende ist nur zu einem gewissen Teil berücksichtigt.

Das heißt: Haben Sie etwa einen Call mit Knock-Out 12 Euro und die Telekom-Aktie notiert tags zuvor bei 12,50 Euro, wird der Div-Abschlag von 70 Cent zwangsläufig zum Knock-Out Ihres Papiers führen.

Falls Sie jedoch ein Knock-Out-Papier auf die Telekom *ohne* Laufzeitbegrenzung haben, sieht die Situation so aus: Die Knock-Out-Barriere von im Beispiel 12 Euro wird angepasst. Der Faktor liegt etwa bei 75 Prozent. Das heißt: Die neue Knock-Out-Barriere beträgt demnach 11,475 Euro.

Übrigens: Bei Put-Scheinen erfolgt die Anpassung zu 100 Prozent.

88.
Ich habe mal gehört, dass der Einfluss der Dividende auf Knock-Out-Scheine sehr unterschiedlich sein kann. Wieso das denn?

Das ist richtig, und zwar hängt der Einfluss davon ab, wie weit der Kurs des Basiswertes vom Barriere-Betrag entfernt liegt. Je weiter er entfernt liegt, desto geringer ist in der Regel die Auswirkung einer Dividendenzahlung auf den Kurs des Scheines.

Der Kurs eines Knock-Out-Calls am Tag der Dividendenzahlung kann, wenn der Kurs des Basiswerts zuvor nahe am Barriere-Betrag lag, stärker fallen, als wenn der Kurs des Basiswerts weiter vom Barriere-Betrag entfernt war.

Bei einem Knock-Out-Put dagegen kann dessen Kurs am Tag der Dividendenzahlung steigen, wenn der Kurs des Basiswerts zuvor nahe am Barriere-Betrag lag. Wenn indessen der Kurs des Basiswertes zuvor weit entfernt vom Barriere-Betrag war, sollte sich eine Dividendenzahlung bei einem Knock-Out-Put in der Regel weniger stark auswirken.

89.
Wenn ein Unternehmen Dividende zahlt, fällt doch bekanntlich tags darauf die Aktie um die Höhe der Dividendenausschüttung. Kann dann mein Knock-Out-Schein rein aufgrund dieses Abschlages ausgeknockt werden?

Sobald die Aktie unter einen bestimmten Kurs fällt – aus welchem Grund auch immer – wird ein Call-Knock-Out-Schein eben ausgeknockt. Also kann es tatsächlich aufgrund des Dividendenabschlages zum Knock-Out kommen.

Allerdings: Da sowohl Höhe als auch Zeitpunkt der Dividendenzahlung bekannt sind, wird es bereits im Vorfeld der Ausschüttung zu sukzessiven Abschlägen kommen.

90.

Eine unerwartete Dividendenerhöhung einer Aktie hat plötzlich den Wert meines Calls reduziert. Wieso das denn?

Da erinnere ich mich an die Sonderausschüttung von Daimler Ende der 90er-Jahre. Völlig überraschend entschied sich die Konzernführung damals, 50 Mark auszuschütten. Was Aktionäre erfreute, brachte Optionsscheinanleger zur Verzweiflung. Wer nämlich einen Call besaß, konnte sich nicht allzu sehr über das Daimler-Geschenk freuen.

Der Grund: Die Emittenten preisen bei Auflegung der Scheine eine bestimmte Dividendenhöhe ein. Kommt es nun, wie im Daimler-Fall, zur starken Erhöhung der Dividende, so macht sich das bei den Call-Scheinen bemerkbar – und zwar negativ. Die Daimler-Aktie verlor aufgrund des Dividendenabschlags, der Call ebenso. Freude indessen bei den Put-Inhabern: Sie profitierten vom überraschenden Geldregen der Schwaben.

Verkehrte Welt? Nein, nur Optionsschein-Logik.

91.

Wird eine Sonderausschüttung bei Produkten, bei denen Kurs-Barrieren eine entscheidende Rolle spielen, nicht gesondert behandelt?

Nein, es ist tatsächlich so, dass etwa eine Sonderausschüttung oder eine überraschend hohe Dividendenzahlung zwar toll für den Aktionär ist, wer in den Fällen aber ein Produkt mit Kursbarriere besitzt, kann hier rein aufgrund der „Großzügigkeit" der AG eine Barrierenverletzung erleiden.

92.
Bin ich tatsächlich durch den Kauf von Knock-Out-Produkten vor dem Einfluss der Volatilität gefeit?

Nein. Zwar ist der Einfluss – verglichen mit einem normalen Optionsschein – gering, jedoch darf man die Volatilität, je näher der aktuelle Kurs des Basiswertes an der Knock-Out-Barriere ist, nicht unberücksichtigt lassen.

Bei einer abnehmenden Volatilität sinkt die Wahrscheinlichkeit, dass es zu einem Knock-Out kommt. Der Wert des Knock-Out-Optionsscheines steigt. Wenn die Volatilität steigt, verliert er hingegen an Wert, denn die Wahrscheinlichkeit, dass der „KO-Schein" ausgeknockt wird, steigt dann.

93.
Knock-Out-Scheine gibt es doch auch ohne Laufzeitbegrenzung. Ist das richtig?

Ja, es gibt solche Papiere. Etwas ärgerlich: Jeder Emittent nennt sie anders, etwa Mini-Futures oder auch WAVEs XXL.

Mit den Papieren sind Anleger ähnlich wie mit „normalen" Knock-Outs eins zu eins dabei, wenn sich der Basiswert bewegt. Und das natürlich mit Hebel.

Der Unterschied: Diese Scheine haben keine Laufzeitbegrenzung, was allerdings nicht heißt, dass sie nicht ebenso ausgeknockt werden können.

Dennoch: Meist erfolgt eine Rückzahlung, denn der Knock-Out ist in dem Fall eine Art „Stop-Loss", eine Grenze, die vor dem Totalverlust schützen soll. Die Produkte sind aufgrund dieser Konstruktion und der endlosen Laufzeit sehr beliebt.

Details zur Rückzahlung sollten Sie in den kostenfreien Broschüren der Anbieter solcher Knock-Outs nachlesen.

94.

Wo liegen grob die Unterschiede zwischen einem normalen Knock-Out-Papier, auch WAVE genannt, und den endlos laufenden Knock-Out-Papieren, oder WAVEs XXL?

Dazu kann eine kleine Tabelle hilfreich sein.

	WAVE	WAVE XXL
Laufzeit	begrenzt, kurz	unbegrenzt, lang
Basiswerte	Indizes, Bund Future, Aktien, Wechselkurse	Indizes, Aktien
Absicherung	Stop Loss an der Börse möglich	Stop Loss
Rückzahlung bei K.O.	0,001 Euro	Differenzbetrag
Basispreis / Knock-Out	fix / fix	tägliche / monatliche Anpassung
Preis	innerer Wert + Aufgeld	innerer Wert
Einsatz	Daytrading	Daytrading, Langfrist-Investitionen

Quelle: Deutsche Bank X-markets

95.
Nun gibt es ja auch Scheine auf Gold, Silber, Währungen etc., die rund um die Uhr gehandelt werden. Welcher Abrechnungskurs wird denn dann zur Berechnung herangezogen?

Tja, bei Aktien oder Indizes ist das schön einfach: Da verwenden die meisten Emittenten den Schlusskurs. Da aber Edelmetalle und Währungen rund um die Uhr gehandelt werden – es in dem Sinne also gar keinen Schlussstand gibt – wird ein Zeitpunkt für die Abrechnung definiert.

Die Deutsche Bank (X-markets) beispielsweise nimmt zur Abrechnung ihrer Währungs-Optionsscheine die Euro-Durchschnittskurse der Großbanken (Fixing). Im Kurssystem des Nachrichtendienstes Reuters heißt dies „OPTREF". Er wird einmal am Tag – meist gegen 13 Uhr – festgestellt. Für die Edelmetalle benutzen einige Emittenten auch die Fixings der London Metal Exchange. In den Bedingungen der jeweiligen Emittenten steht genau, welcher Kurs genommen wird. Ein Blick lohnt also.

96.
Gibt es auch Produkte, die innerhalb bestimmter Kursgrenzen verstärkt gewinnen?

Auch solche Produkte gibt es, und sie werden von den Emittenten mit recht unterschiedlichen Produktnamen wie DoubleChance-Zertifikat oder Sprint-Zertifikat versehen. Hier bekommen Sie als Investor schlicht am Ende der Laufzeit den doppelten Gewinn.

Einfaches Beispiel: Die Aktie steigt von 100 auf 120 Euro. Bei einem Zertifikat auf eine solche Aktie hätten Sie nun nicht „nur" 20 Euro gewonnen, sondern eben doppelt so viel, nämlich 20+20, also 40 Euro. Ähnlich wie beim Diskont-Zertifikat ist aber auch hier die maximale Auszahlung auf eine bestimmte Höhe, den Cap, begrenzt.

97.

Angenommen, die Emissionsbedingungen eines Zertifikates sehen unter bestimmten Umständen am Laufzeitende die Lieferung einer Aktie vor.
Bekomme ich dann in jedem Fall die Aktie ins Depot geliefert?

Wenn es die Bedingungen vorsehen, ja; Sie können aber die Aktie gleich wieder verkaufen.

Falls Sie die Aktie jedoch absolut nicht haben wollen, dann beugen Sie dem vor, indem Sie sich gleich beim Kauf für ein Zertifikat mit „Cash Settlement" entscheiden.

98.

Wenn es zur Lieferung der Aktie kommt, ist es doch möglich, dass ich plötzlich eine Aktie, die in Dollar notiert, im Depot habe. Wie soll das funktionieren?

Es ist tatsächlich so, dass Sie durchaus zum Beispiel eine Amazon-Aktie erhalten – und zwar in Dollar. Weil nämlich nicht die „deutsche" Amazon-Aktie Ihrem Produkt zugrunde lag, sondern eben das US-Pendant.

Es bleibt Ihnen dann also nur der Verkauf über die New Yorker Börse; so lange haben Sie also neben Ihren anderen Euro-Produkten plötzlich ein Dollar-Papier in Ihrem Depot.

99.

Kürzlich erzählte mir ein Freund, es könne durchaus sinnvoll sein, einen Call und einen Put gleichzeitig zu kaufen. Das ist doch wie im Casino auf schwarz und auf rot zu setzen...

Keineswegs. Das Ganze nennt sich Straddle, aber vergessen Sie den Begriff auch gleich wieder. Letztlich setzt Ihr Freund damit auf steigende Volatilität.

Einfach ausgedrückt: Wenn er einen Call und einen Put kauft und die Volatilität wie erwartet stark anspringt, sich durch das heftige Auf und Ab jedoch das Kursniveau am Ende nicht geändert hat – haben beide Scheine an Wert gewonnen, und zwar rein durch die Zunahme der Volatilität.

Allerdings: Achten Sie auf den Zeitwertverlust. Dieser darf nicht höher sein, als der erhoffte Gewinn durch die Zunahme der Vola.

Eine solche Strategie können Sie selbst fahren oder aber sich bei dem einen oder anderen Emittenten umschauen. Dort gibt es immer mal wieder Produkte, mit denen Sie exakt auf ein solches Szenario spekulieren können, ohne dazu gleich zwei Geschäfte (Call- und Put-Kauf) eingehen zu müssen.

100.

Es soll Zertifikate geben, bei denen jeder Euro Gewinn bei einer Aktie einen Gewinn von 1,20 Euro bedeutet, das Risiko nach unten indessen dem einer Aktie ähnelt. Richtig?

Richtig, das gibt's. Sie nennen sich Outperformance-Zertifikate und haben eine begrenzte Laufzeit.

Jeder Euro Gewinn der Aktie macht sich mit einem vorher definierten Hebel beim Zertifikatepreis bemerkbar. Dieser kann 1,2 oder auch 1,3 oder noch viel mehr sein.

Aber beachten Sie, dass sich dieser Hebel erst zum Laufzeitende hin voll entfaltet. Es ist demnach nicht so, dass unmittelbar nachdem die Aktie einen Euro gestiegen ist, auch der Preis des Zertifikates um 1,20 Euro steigt.

Das sorgt leider immer wieder für Verwirrung bei Investoren. Wenn die Aktie am Ende der Laufzeit beispielsweise 10 Euro gewonnen hat, haben Sie mit einem solchen Zertifikat 12 Euro gewonnen.

Nach unten trägt der Anleger übrigens kein höheres Risiko als der Aktionär; die Outperformance zählt also nur nach oben. Lediglich die Dividende gibt der Zertifikate-Besitzer im Vergleich zum Aktionär auf.

101.

Ich habe mir gleich zur Emission Garantie-Zertifikat gekauft.
Es läuft etwa fünf Jahre; nun will ich aber bereits nach einem Jahr verkaufen und sehe einen Kurs unter meinem Einstiegskurs.
Ich dachte, hierbei kann ich nichts verlieren?

Wichtig: Die Garantie zählt durchaus – allerdings zum Laufzeitende. Wenn Sie vorher verkaufen wollen, besteht diese Garantie nicht. So kann es sein, dass das Produkt, das Sie zu 100 Euro plus eventuell 2 Euro Ausgabeaufschlag gekauft haben, eben nur noch bei 98 Euro steht.

Übrigens: Auch wenn Sie nach der Emission zu einem Kurs über dem Emissionskurs kaufen, können Sie Geld verlieren, da Ihnen „lediglich" die Rückzahlung des Emissionskurses – ohne möglichen Ausgabeaufschlag – sicher ist.

Handel mit Derivaten

102.

Wo kann ich Derivate kaufen?

Im Grunde bei jeder Bank, bei jeder Sparkasse. Fragen Sie einfach nach.

Vergleichen Sie die Gebühren für das Depot und die Transaktionskosten. Und überlegen Sie sich, ob Sie per Internet oder Telefon direkt handeln wollen oder lieber über einen Berater.

Wer schnell online handeln will, sollte bei der Wahl des Instituts auf die entsprechende Verbindung zu den Emittenten achten. Nicht jede Bank hat zu allen Emittenten die nötige technische Anbindung, um direkt kaufen zu können. Fragen Sie also vor Depoteröffnung nach solchen „Direktleitungen".

103.
Ich will direkt handeln, benötige also keinen Berater, was muss ich tun?

Sie müssen nicht gleich die Bank wechseln. Fragen Sie Ihren Berater ob er Ihnen einen Online-Zugang gibt beziehungsweise ob Sie über den Internetzugang der Bank handeln können. Falls die Konditionen nicht passen oder aber der Zugang nicht zu allen Emittenten möglich ist, wechseln Sie die Bank. Es gibt viele Anleger, die gleich mehrere Bankverbindungen für Ihre Derivategeschäfte besitzen. Ob das allerdings sinnvoll ist, wage ich zu bezweifeln, denn es besteht die Gefahr, dass Sie die Übersicht verlieren.

104.
Über welche Bank soll ich Derivate kaufen?

Sie sollten darauf achten, dass Sie über Ihre ausgewählte Bank einen Großteil der Scheine auch außerbörslich kaufen und verkaufen können. Die technische Anbindung zwischen Bank und Emittent sollte ohne Probleme funktionieren, und natürlich sollten auch die Gebühren nicht aus dem Rahmen fallen. Vergleichen Sie auf Basis eines fixen, fiktiven Ordervolumens.

105.
Meine Bank will mir keine Optionsscheine verkaufen. Ich will aber welche...?

Der Kauf eines Optionsscheins ist ein Termingeschäft. Hierzu benötigen Sie die bereits erwähnte Termingeschäftsfähigkeit. Das ist sozusagen Ihre Lizenz, die Ihnen die Berechtigung zum Kauf gibt. Ohne die Unterschrift auf diesem DIN-A4-Blatt läuft nichts. Sie müssen angeben, welche Erfahrung Sie mit Wertpapieren haben und vor allem, dass Ihnen das Risiko, das mit solchen Investments einhergeht, bewusst ist. Die Banken sichern sich mit diesem Schreiben ab. Wenn Sie trotz Erfahrung, trotz Kenntnisse über die Risiken von Ihrer Bank nicht die Erlaubnis erhalten, bleibt Ihnen nur eines: Wechseln Sie das Institut.

106.
Ich habe bei Depoteröffnung ein Schreiben, das Termingeschäfts-fähigkeit lautete, unterschrieben.
Reicht die einmalige Unterschrift aus?

In der Vergangenheit gab es hier öfter Probleme: Erfahrene Anleger konnten plötzlich keine Derivate mehr kaufen, da die Gültigkeit ihrer Termingeschäftsfähigkeit ausgelaufen war. Das war schmerzhaft, weil sie in diesem Fall warten mussten, bis das neue Formular bei der Bank eingegangen war.

Seien Sie beruhigt: Das Ganze ist nun ab dem Jahr 2007 hinfällig. Wer sich also einmal schriftlich als termingeschäftsfähig erklärt hat, bleibt dies auf Dauer.

107.
Für den Kauf von Aktienfonds reicht oft die Risikoklasse „3" –
wieso nicht bei Zertifikaten?

Ein heikles Thema. Leider gibt es keine einheitliche Regelung. Sicher ist nur: Sobald ein Termingeschäft, sprich eine bestimmte Laufzeit des Wertpapiers sowie ein Optionseinsatz auftritt, gilt eine andere Risikoklasse als etwa bei endlos laufenden Fonds. Die diversen risikominimierenden, strukturierten Produkte werden bislang noch nicht ausreichend von den Klassifizierungssystemen der Banken berücksichtigt. Eine Kennzahl namens „Value at Risk", die das Risiko strukturierter Produkte im Vergleich zum Basiswert dokumentiert, könnte hier in den nächsten Jahren zu einer neuen Einordnung bei den Banken führen.

108.
Kann ich ohne weiteres Derivate als Bevollmächtigter für eine andere Person kaufen?

Nicht ohne weiteres. Zum einen benötigen Sie natürlich selbst die Termingeschäftsfähigkeit – die Bestätigung also, dass Sie Erfahrung im Geschäft mit Derivaten besitzen.

Doch das allein reicht nicht: Auch der eigentliche Kontobesitzer benötigt die Termingeschäftsfähigkeit, obwohl dieser selbst gar nicht handelt. Somit versteht sich von selbst, dass Sie keine Derivate für das Depot Ihres minderjährigen Kindes kaufen können.

109.
Auf meiner Ordermaske im Internet sehe ich so viele Felder. Können Sie mir wenigstens die wichtigsten Eingaben erklären?

Ruhig Blut, alles halb so wild. Zunächst müssen Sie sich entscheiden, ob Sie außerbörslich – also direkt mit dem Emittenten – oder über die Börse handeln wollen.

Angenommen, Sie wollen außerbörslich kaufen. Dann gehen Sie nach dem Einloggen auf die Ordermaske (siehe am Beispiel der Ordermaske des Online-Brokers maxblue auf der nächsten Seite) und geben die WKN oder die ISIN ein. Die 6-stellige Wertpapierkennnummer wird leider mehr und mehr von der 12-stelligen International Securities Identification Number (ISIN) ersetzt. Die WKN beziehungsweise die ISIN müssen Sie natürlich kennen. Ein Feld weiter wird der „Handelspartner", also der Emittent abgefragt. Hier geben Sie beispielsweise „Deutsche Bank" ein. Dann müssen Sie die Stückzahl in ein Feld eintragen, beispielsweise 2.000 Stück. Es erfolgt ein kleiner Abgleich mit Ihrem zur Verfügung stehenden Kapital. Schließlich können Sie nicht etwas kaufen, für das Sie das Geld nicht zur Verfügung haben – es sei denn, Ihnen wurde ein Wertpapierkredit eingeräumt. Nun müssen Sie nur noch auf die-

III Handel mit Derivaten

ser oder der nächsten Seite – das hängt von Ihrer Bank ab – eine Geheimnummer (TAN) eingeben. Diese wurde Ihnen von der Bank im Vorfeld zugeschickt. Schon erscheint ein Preis, den Sie nunmehr nur noch akzeptieren müssen; der Emittent checkt ihn nochmals und gibt sein Okay. Der Auftrag ist durch, Sie haben gekauft.

Tipp:

Kontrollieren Sie unbedingt noch mal die Bezeichnung des Papiers und die Stückzahl. Sehr häufig schon riefen Anleger bei ihrer Bank an und wollten eine Rückabwicklung, weil sie versehentlich einen Put statt eines Calls gekauft hatten. Das ist mehr als ärgerlich und nicht widerrufbar.

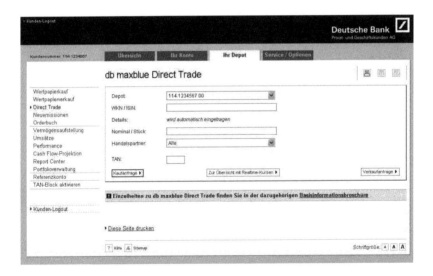

110.

Wie kann ich sicherstellen, dass die Wertpapierkennnummer, die ich einer Publikation oder einem Online-Medium entnommen habe, tatsächlich meinem gewünschten Papier entspricht?

Bei der Masse an Derivaten und den Nummern kann es sicher vorkommen, dass entweder Sie selbst sich geirrt haben oder das Medium, aus dem Sie die Informationen entnommen haben, einen Zahlendreher enthält. Natürlich ist das ärgerlich und nicht widerrufbar.

Daher der Tipp: Checken Sie immer gegen, schauen Sie also in einem anderen Medium nach. Und vor allem: Bevor Sie auf „Kaufen" klicken, lesen Sie noch einmal die Angaben zu dem Derivat. Nehmen Sie sich die Zeit, und kontrollieren Sie, ob es auch wirklich das gewünschte Papier ist. So sollte es nicht passieren, dass Sie statt eines Calls einen Put kaufen.

111.

Kann ich auch vom Ausland aus Derivate kaufen?

Können Sie – und zwar von überall. Ob Sie auf Mallorca sitzen oder in der Karibik, Sie können ganz bequem online handeln; Sie müssen natürlich zuvor ein Depot bei der gewünschten Bank eröffnet haben. Falls Sie telefonisch ordern wollen, sollten Sie die speziell fürs Ausland notwendige Nummer parat haben, denn die gewohnten Service-Hotline-Nummern (0180) funktionieren vom Ausland aus nicht.

112.
Wie lange kann ich die Produkte handeln?

Wenn ein Schein etwa bis zum 30. Dezember 2007 läuft, können Sie das Produkt an den Börsen nur bis einen Tag vorher, dem 29. Dezember von 9 bis 20 Uhr handeln. Am 30. selbst geht es nur noch außerbörslich und zwar von 8 bis 22 Uhr – falls der jeweilige Emittent so lange handelt. Bei einzelnen Produkten kann es hier zu Ausnahmen kommen. Lassen Sie es aber nicht so weit kommen, und verkaufen Sie möglichst vorher.

113.
Wann muss ich ein besonderes Augenmerk auf meinen Schein werfen?

Immer dann wenn Unternehmenszahlen präsentiert werden, gilt es, wachsam zu sein. An solchen Tagen gehen selbst große Werte schon mal schnell 5 bis 10 Prozent nach oben oder unten. Nun können Sie sich bestimmt vorstellen, was dann erst ein Hebelprodukt auf eine solche Aktie macht... Ein reger Handel im Vorfeld weist meist schon auf eine gewisse Nervosität im Markt hin. Unternehmenstermine werden in Tageszeitungen und auch im Internet rechtzeitig bekannt gegeben. Daneben gilt es auch auf Parallelentwicklungen zu achten.

Beispiel: Steigende Ölpreise ließen Mitte 2006 sämtliche Solarwerte nach oben schießen. Zwischenzeitliche Dellen sorgten für Kursrückgänge. Neben solchen Ereignissen gilt es natürlich auch das Laufzeitende der Papiere im Auge zu halten. Zum einen, um nicht noch im letzten Moment ausgeknockt zu werden; zum anderen um startklar für ein neues Investment zu sein. Denn schließlich wandert kurze Zeit später durch das Ende der Laufzeit wieder Geld in Ihr Depot.

114.
Zu welchem Zeitpunkt sollte ich lieber keine Produkte ordern?

Es gibt Tageszeiten, an denen es besonders riskant sein kann, spekulative Produkte zu kaufen. Das ist etwa kurz vor der Bekanntgabe von volkswirtschaftlichen Zahlen oder auch Quartalszahlen von Unternehmen.

Es gibt natürlich Anleger, die absichtlich zu solchen Zeiten kaufen oder verkaufen; in diesen Zeiten ist sicher viel Geld zu verdienen.

Aber Achtung: Selbst erfahrene Anleger neigen in solchen Situationen dazu, allzu hektisch zu agieren, statt klaren Kopf zu bewahren. Anfängern würde ich daher nicht raten, zu diesem Zeitpunkt zu kaufen.

Zu einem weiteren Zeitpunkt sollten Anleger nicht unbedingt kaufen: Wird der Basiswert nicht gehandelt – weil etwa die Börse noch geschlossen ist – können Sie zwar auch Derivate kaufen; allerdings sollten Sie wissen, dass dann die Liquidität nicht vergleichbar hoch sein muss und somit auch die Preise nicht unbedingt ähnlich gut wie zu „normalen" Handelszeiten sind. Informieren Sie sich also über die Handelszeiten des Basiswertes, über Tagestermine, und passen Sie Ihre Order diesbezüglich an.

Und noch etwas: Zur Eröffnung des Marktes, also um 9 Uhr, ist natürlich immer besonders viel los. Schließlich können dann die Aktien zum ersten Mal wirklich auf die Entwicklungen des Vorabends in New York sowie über Nacht in Asien reagieren. Entsprechend rege ist der Handel, auch in Derivaten. Danach wird es etwas ruhiger, und am frühen Nachmittag gegen 14.30 Uhr, wenn etwa volkswirtschaftliche Daten aus den USA kommen, wird es oft wieder reger; ebenso um 15.30 Uhr, wenn in den USA die Märkte eröffnen. Wer nah am Markt dran ist, der sucht natürlich solche Zeiten, um vom volatilen Handel zu profitieren.

III Handel mit Derivaten

115.
Was ist, wenn ich ein Derivat auf eine amerikanische Aktie besitze und die Amerikaner einen Feiertag haben?

Dann können Sie dennoch ganz normal die Scheine hier kaufen und verkaufen, genauso wie Sie ja auch die US-Aktien hier kaufen und verkaufen können. Als Basis nehmen die Händler dann unter anderem die in Deutschland gehandelte Aktie auf das US-Unternehmen und berücksichtigen den Wechselkurs. Ausgeknockt werden können Sie im Übrigen zu dem Zeitpunkt mit Ihren US-Scheinen nicht. Die Knock-Out-Zeiten beziehen sich nämlich rein auf die Handelszeiten der Heimatbörsen (siehe Tabelle).

Basiswert	Knock-Out-Zeit (MEZ)*	Relevanter Kurs
DAX	09.00 - 17.30 h	XETRA-DAX
EuroStoxx 50	09.00 - 18.00 h	EuroStoxx 50
DJ/S&P 500/Nasdaq-100	15.30 - 23.00 h	DJ/S&P 500/Nasdaq-100
Nikkei 225	01.00 - 08.00 h	Nikkei 225
Deutsche Aktien	09.00 - 17.30 h	Kurse auf XETRA
Finnische Aktien	09.00 - 17.00 h	Helsinki Stock Exchange
Französische Aktien	09.00 - 17.30 h	Euronext Paris
Holländische Aktien	09.00 - 17.30 h	Euronext Amsterdam
Italienische Aktien	09.00 - 17.30 h	Italian Stock Exchange
Währungen	rund um die Uhr am Fälligkeitstag bis ca. 13.00 h (OPTREF-Kurs)	jeweils Reuters-Seite gemäß Produktbedingungen
Bund-Future	09.00 - 19.00 h	EUREX Bund-Future
Handelszeit (Deutsche Bank): 08.00 - 22.00 h * während der Laufzeit am Fälligkeitstag zzgl. Auktionen, beim Nikkei 225 am Folgetag		

Quelle: Deutsche Bank X-markets

116.

Wenn nun in Amerika gehandelt wird, ich in Deutschland aber aufgrund eines Feiertages kein Derivat kaufen und verkaufen kann, was dann?

Pech gehabt. Dann können Sie eben nicht auf Bewegungen in Amerika reagieren, sondern müssen warten, bis hierzulande der Markt wieder eröffnet. Im schlimmsten Fall können Sie mit Knock-Out-Scheinen auf US-Aktien ausgeknockt werden und nicht kurz vorher noch verkaufen. So weit sollten Sie es aber nicht kommen lassen und solche gefährdeten Scheine vorab verkaufen. Feiertag ist übrigens für Börsianer nicht immer Feiertag. An vielen Feiertagen wird nämlich trotzdem gehandelt. Informieren Sie sich vorab.

117.

Warum kann ich eigentlich einen im Grund wertlosen, sprich ausgeknockten Schein noch kaufen?

Das kann bei folgendem Szenario möglich sein: Sie haben einen Knock-Out-Schein auf den DAX. Der DAX steht auf 7.000 Punkten, Ihr Knock-Out-Call hat eine Barriere von 6.950 Punkten. Der Handel auf XETRA schließt um 17.30 Uhr mit einem DAX-Stand von 7.000 Punkten. Im Anschluss gibt der DAX, der ja noch bis 20 Uhr auf Basis der Parkett-Kurse gehandelt wird, auf 6.940 Punkte nach. Ihr Schein wäre somit ausgeknockt. Da aber ein Knock-Out lediglich zu XETRA-Zeiten möglich ist, „lebt" Ihr Schein noch – wenn auch nur zu wenigen Cent. Es kann nun dennoch vorkommen, dass dieser quasi „tote" Schein wieder zu Leben erweckt wird. Wenn nämlich der Markt dreht und just am nächsten Tag zu Börsenbeginn um 9 Uhr der DAX über 6.950 Punkten eröffnet, dann ist Ihr tags zuvor fast toter Schein – schwups – wieder am Leben. Hätten Sie diesen tags zuvor für wenige Cent gekauft, hätten Sie womöglich einen riesigen Gewinn erzielt. Aber es wäre auch ein sehr riskantes Geschäft gewesen.

118.
Wieso kann ich Produkte an verschiedenen Börsen kaufen?

Es ist in etwa so, wie Sie das gleiche Buch sowohl im Buchladen um die Ecke als auch im Internet über Amazon kaufen können. So wie es mehrere Buchläden gibt, so gibt es auch mehrere Börsen. Überall sollte das Produkt gleich viel kosten. Ähnlich dem Buch-Beispiel können Sie Derivate auch übers Internet – so zusagen direkt beim Hersteller – kaufen und verkaufen. Es ist das gleiche Produkt, das Sie parallel auch an den Börsen handeln können.

119.
Kann ich ein Produkt, das ich an der Börse gekauft habe, außerbörslich wieder verkaufen?

Können Sie! Genauso umgekehrt. Ob Optionsschein oder Zertifikat: Ein Produkt, das Sie außerbörslich gekauft haben, können Sie an den Börsen Frankfurt und Stuttgart wieder verkaufen. Es ist das gleiche Produkt und hat in der Regel den gleichen Preis. Achten Sie nur auf die Handelszeiten.

120.
Was ist der Vorteil, wenn ich an der Börse ein strukturiertes Produkt kaufe?

Wenn Sie an der Börse kaufen, können Sie unter Umständen einen besseren Kurs erhalten, als außerbörslich. Ihr Gegenpart kann nämlich an der Börse ein anderer Investor sein, der just zu dem Zeitpunkt den Schein verkaufen will, den Sie kaufen möchten. In dem Moment kann es dann durchaus zu einem geringfügig besseren Kurs kommen, als ihn der Emittent zum gleichen Zeitpunkt stellt.

121.
Der Großteil des Handels mit Aktien läuft doch über ein elektronisches System XETRA. Kann ich über diese auch Derivate kaufen?

Nein. Vor einigen Jahren war das mal für kurze Zeit möglich; der Handel ist dort dann aber mehr oder weniger eingeschlafen. Die Handelsplattformen der einzelnen Banken sind gut genug, so dass Sie als Derivateinvestor XETRA schlicht und einfach nicht benötigen.

122.
Was ist überhaupt der Vorteil, wenn ich außerbörslich kaufe und verkaufe?

Schnelligkeit ist Trumpf im außerbörslichen Geschäft. Sie geben einfach die WKN oder die ISIN ein, tätigen einen so genannten Quote-Request – fragen also den Kurs an – und anschließend können Sie diesen bestätigen oder eben nicht. In Sekundenschnelle erhalten Sie eine Bestätigungsantwort; der Kauf ist getätigt.

Und noch einen Vorteil hat der außerbörsliche Handel: Sie sparen sich die Maklercourtage, und Sie können je nach Emittent von 8 bis 22 Uhr börsentäglich kaufen und verkaufen, sind also nicht auf die Börsenzeiten (9 bis 20 Uhr) beschränkt.

123.
Ich habe gehört, dass es sinnvoll sei, außerbörslich zu kaufen, indessen an der Börse zu verkaufen. Wieso das denn?

Da ist was dran, und viele Anleger praktizieren das auch. Sie kaufen schnell, kostengünstig außerbörslich. Wenn Sie nun den Verkauf erst bei Erreichen eines bestimmten Kurses automatisch getätigt sehen wollen, müssen Sie über die Börse gehen.

Sie geben dazu ein Verkaufs- oder so genanntes Stop-Loss-Limit ein, und bei Erreichen dieses Limits wird Ihr Auftrag ausgeführt. Das Setzen eines Stop-Loss-Limits kann sehr sinnvoll sein, da es Sie vor weiteren Verlusten schützt. Umgekehrt bleiben Sie bei weiter steigenden Kursen einfach dabei, wenn Ihr Stop-Loss-Limit nämlich eben nicht erreicht wurde, Sie also nicht verkauft haben. Die wenigen Euro für die Maklercourtage, die Sie für eine Order an der Börse zahlen, kann das durchaus wert sein.

124.
Was kostet überhaupt der Kauf eines Derivates an Gebühren?

Sehr unterschiedlich. Zum einen hängt es davon ab, ob Sie über Ihren Berater ein Derivat kaufen oder aber direkt, sozusagen als „Selbstentscheider". Meist hängt die Transaktionsgebühr von der Auftragshöhe ab; manche Banken berechnen eine Grundgebühr, die unabhängig von der Orderhöhe immer anfällt. Am günstigsten sind die Direktbanken. Dort sind die Gebühren in den vergangenen Jahren stets zurückgegangen, so dass heute selbst eine Order unter 1.000 Euro nicht von den Gebühren „aufgefressen" wird. Der Kleinanleger war früher häufig Opfer einer unsäglich teuren Gebührenpraxis.

Tipp:
Wenn Sie nicht bei einer der Direktbanken sind, reden Sie mit Ihrem Bankberater, der dann die Schublade öffnet und Ihnen gegebenenfalls ein anderes Gebührenmodell anbietet, wenn Sie zukünftig ohne jegliche Beratung Ihre Entscheidungen treffen wollen.

125.
Sind die Kosten je nach Derivat unterschiedlich?

Natürlich unterscheiden sich die Preise, allerdings nicht die Gebühren Ihrer Bank. Ein Optionsschein kostet in der Regel die gleichen Gebühren wie ein Zertifikat. Auch hängt die Transaktionsgebühr nicht von der Wahl des Emittenten ab.

126.
In welchen Situationen sollte ich ein Derivat verkaufen?

Wenn Sie dem Basiswert einfach nichts mehr zutrauen, sollten Sie schnell reagieren. Viele Investoren sitzen zu lange auf ihren Positionen. Hier übersteigt die Hoffnung die Vernunft. Weg damit – und bitte nicht nachtrauern, wenn Sie sehen, dass die Aktie danach doch wieder gestiegen ist. Sie haben eine Entscheidung getroffen, und zu der sollten Sie stehen. Außerdem kann ein Verkauf vernünftig sein, wenn Sie parallel ein Produkt sehen, von dem Sie sich eine größere Gewinnchance versprechen. Auch dann gilt es zu handeln.

Ganz wichtig: Sehen Sie fallende Kurse Ihres Investments keineswegs als ein vorübergehendes Ereignis an. Beschäftigen Sie sich damit. Falsch verstandene Eitelkeit hat schon viele Investoren eine Menge Geld gekostet.

Beherzigen Sie daher das Motto: Lieber ein Ende mit Schrecken als ein Schrecken ohne Ende.

127.
Muss ich bis zum Laufzeitende ausharren, oder kann ich die Produkte auch vorher verkaufen?

Die Produkte haben zwar meist eine vordefinierte Laufzeit. Aber so lange müssen Sie gar nicht warten. Wenn Sie – aus welchem Grund auch immer – verkaufen wollen, so können Sie das an jedem Börsentag zu jeder Sekunde während der Handelszeiten tun.

Flexibilität ist also Trumpf. Wer vorher verkauft – und das tun etwa Optionsschein-Besitzer in der Regel ausschließlich – sollte sich über zwei Aspekte im Klaren sein:

- zum einen den steuerlichen Aspekt, denn möglicherweise fallen durch den vorzeitigen Verkauf auf den Gewinn Steuern an;
- zum anderen entgeht ihm womöglich ein Teil der Partizipation, die lediglich zum Laufzeitende greift. Das ist etwa bei Bonus-Zertifikaten der Fall. Hier gilt es abzuwägen, ob sich ein Verkauf vor Laufzeitende tatsächlich lohnt.

128.
Bis wie viel Uhr kann ich täglich meine Scheine verkaufen?

Je nach Emittent können Sie Derivate von 8 bis 22 Uhr börsentäglich kaufen und verkaufen. Selbst am letzten Handelstag können Sie noch bis 22 Uhr verkaufen. An der Börse ist indessen ein Tag zuvor um 20 Uhr Schluss.

129.
Muss ich am Ende der Laufzeit überhaupt verkaufen, oder geschieht dies automatisch durch den Emittenten?

Wenn das Laufzeitende kommt, dann bekommen Sie automatisch den Restwert auf Ihr Depot gutgeschrieben. Dies dauert meist etwa drei Bankarbeitstage. Dieses so genannte Auslaufenlassen hat den Vorteil, dass Sie Ihrer Bank keine Transaktionskosten zahlen müssen. Viele Anleger lassen ihre Diskont- oder Bonus-Zertifikate daher schlicht auslaufen. Zumal: Speziell diese beiden Produkte entfalten ihre volle Wirkung erst zum Laufzeitende.

Verkaufen sollten Sie nur bei Optionsscheinen, bei denen Sie erkennbar Verlust erleiden. Hier sieht die Steuergesetzgebung den Verkauf nach wie vor als Pflicht an. Ansonsten ist es möglich, dass Ihr Finanzamt den Verlust nicht als solchen anerkennt; schließlich wird Ihr Produkt nicht verkauft, sondern schlicht wertlos ausgebucht.

130.
Wie kann ich Gewinne absichern?

Die beste Methode, um erzielte Gewinne abzusichern, ist das Setzen eines Stop-Loss-Kurses. Sobald nämlich ein bestimmter Kurs erreicht wird, erfolgt dann ein automatischer, allerdings unlimitierter Verkauf.

Somit können Sie sicherstellen, dass Ihr Schein oder Ihr Zertifikat nicht ins Bodenlose fällt, während Sie etwa in Urlaub sind oder einfach nur einen Tag nicht die Börse beobachten können und es gerade an dem Tag zu heftigen Turbulenzen am Markt kommt.

Der Stop-Loss ist die beste Methode um sich einerseits abzusichern, aber sich andererseits die Möglichkeit offen zu lassen, an steigenden Kursen zu partizipieren. Es gibt darüber hinaus noch das klassische Hedging. Wenn Sie beispielsweise eine Aktie besitzen, können Sie ja Puts auf diese Aktien kaufen und somit den Gewinn Ihrer Aktienposition absichern. Aber Achtung: Erstens kostet Sie das die Put-Prämie, und zweitens müssen Sie – wenn Sie dynamisch abhegden wollen – stets Ihre Position dem neuen Aktienkurs anpassen, um auch tatsächlich eins zu eins abgesichert zu sein.

131.
Wie funktioniert ein Stop-Loss?

An der Börse können Sie einen so genannten Stop-Loss-Kurs eingeben. Ihr Verkaufsauftrag wird dann nämlich automatisch zum nächsten möglichen Kurs ausgeführt, sobald der Kurs des Derivates den als Stop-Loss-Marke eingegebenen Betrag erreicht oder unterschritten hat.

Beispiel: Ihr Zertifikat kostet 50,50 Euro. Sie wollen sich absichern, geben also einen Verkaufsauftrag an die Börse und tragen dabei ein Stop-Loss-Limit von 50 Euro ein.

Das heißt: Wenn Ihr Schein gar nicht auf 50 Euro fällt, so haben Sie auch nicht verkauft. Wenn nun jedoch einmal der Kurs vom Emittenten auf Niveau Ihres Stop-Loss-Kurses gestellt wurde, dann löst dies automatisch Ihren Verkauf aus.

Genauer gesagt: Ihr Stop-Auftrag geht in einen unlimitierten Auftrag über. Das heißt, Sie werden dann nicht zwangsläufig exakt zu 50 Euro verkaufen. Es zählt der nächste gestellte Kurs des Emittenten. Und der kann durchaus 49,95 Euro oder auch wieder 50,05 Euro lauten. Also nicht über eine etwaige Differenz zu „Ihren" 50 Euro wundern.

132.

Wie funktioniert ein Stop-Buy?

Angenommen, Sie wollen ein Produkt kaufen, aber erst, wenn es einen bestimmten Kurs erreicht hat, z.b. weil eine wichtige Trendlinie nach oben durchbrochen wurde. Dann geben Sie eine Kauforder an der Börse ein mit dem Zusatz „Stop-Buy". Der Kaufauftrag wird automatisch zum nächsten möglichen Kurs ausgeführt, sobald der Kurs des Derivates den als Stop-Buy-Marke eingegebenen Betrag erreicht oder überschritten hat.

Beispiel: Ihr Wunsch-Papier notiert bei 19,80 Euro, Sie wollen aber nur kaufen, wenn das Papier bei 20 Euro notiert. Also geben Sie eine Stop-Buy-Order in Höhe von 20 Euro ein. Wird der Kaufkurs nun im Laufe des Handels auf 20 Euro gestellt, so löst dies Ihre Order aus.

Aber Achtung: Sie kaufen dann erst zum nächsten gestellten Kurs des Emittenten und zwar wiederum unlimitiert. Das kann dann durchaus auch 20,05 Euro sein. Viele Anleger sind hier immer wieder verwirrt und beschweren sich beim Emittenten oder bei den Börsen – zu Unrecht. Daher ist es wichtig, dass Sie die Funktionsweise einer solchen Order genau verstehen.

133.

Was passiert mit meinem Stop-Loss-Kurs, den ich für ein Derivat gesetzt habe, wenn es einen Aktiensplit oder eine andere Kapitalmaßnahme beim Unternehmen gibt?

Bei solchen Kapitalmaßnahmen werden die Stop-Buy und Stop-Loss-Kurse, die noch im Markt sind, schlicht gestrichen. Das schützt die Investoren vor Käufen oder Verkäufen zu Kursen, zu denen sie ursprünglich gar nicht ordern wollten. Wer sein Limit tagesgültig setzt – die Order also ohnehin nur für den gedachten Tag in den Markt legt – taucht tags darauf ohnehin gar nicht mehr auf der Liste auf.

134.
Wie viel Geld muss ich investieren, um ein Derivat zu kaufen?

Einen Euro, wobei ich ehrlich gesagt niemanden kenne, der bereits mal einen Schein zu 1 Euro gekauft hat. Aber theoretisch wäre das kein Problem. Früher wurden von den Banken Orders nur in 100er oder 1.000er Größen angenommen. Heute können Sie 666 oder 999 Optionsscheine oder Zertifikate kaufen, ganz wie Sie wünschen. Allerdings keine halben Stücke.... Achten Sie aber besonders bei kleineren Ordergrößen auf die Gebühren: Es hat wenig Sinn, für zehn Euro zu ordern und dabei 20 Euro Gebühren zu zahlen.

135.
Ist auch genügend Liquidität in den Scheinen vorhanden?

Die Frage kam früher sehr häufig auf. Viele Anleger vermuteten, dass sie ihre Scheine nicht mehr verkaufen könnten, wenn an der Börse kein Gegenpart da ist. Das ist nicht zu verdenken, schließlich funktioniert das Aktiengeschäft ja so. Doch beim Handel mit Derivaten kann tage- oder wochenlang kein Geschäft an der Börse stattfinden, aber wenn Sie Ihren Schein verkaufen wollen, dann kriegen Sie ihn los. Der Emittent tritt nämlich immer als Gegenpart auf. Er stellt sekündlich Preise, zu denen Sie wiederum kaufen und verkaufen können. Es ist also völlig gleichgültig, wie viel Liquidität in dem jeweiligen Papier vorhanden ist.

136.
Können Sie mir Handels-Tipps für Knock-Out-Scheine geben?

Ein paar Stichpunkte:

- Nie direkt an der Barriere kaufen
- Arbeiten Sie mit Orderlimits
- Verfolgen Sie das Marktgeschehen aufmerksam
- Beachten Sie die Handelszeiten der Börsen
- Je höher der Hebel, desto höher das Risiko
- Beachten Sie die Zeitzonen

137.
Es heißt, man solle auch ausgeknockte Scheine verkaufen. Warum, der Schein ist doch wertlos?

Richtig, er ist wertlos, daran wird sich auch leider nichts mehr ändern. Aber: Nach steuerlicher Gesetzgebung ist es so, dass der Verlust aus einer Transaktion rein steuerlich nur dann als Verlust gilt, wenn denn auch ein Verkauf des Scheines erfolgte. Die wertlose Ausbuchung, zu der es ansonsten kommen würde, reicht hier schlicht nicht aus. Daher also: An den Verkauf denken. Wenn Ihr Schein heute im Tagesverlauf ausgeknockt wird, dann können Sie ihn bis zum offiziellen Laufzeitende des Produktes an die meisten Emittenten zurückverkaufen.

III Handel mit Derivaten

138.
Sollte ich ein Diskont-Zertifikat bei Erreichen des Caps sofort verkaufen?

Im Grunde genommen nein. Sie bekommen den Cap, also den Höchstbetrag erst am Laufzeitende. Das muss Ihnen bewusst sein. In den meisten Fällen ist es also nicht sinnvoll, vorzeitig zu verkaufen. Denn wenn Sie den Schein bis zum Laufzeitende halten, erhalten Sie automatisch den Höchstbetrag gutgeschrieben; Sie müssen also nicht verkaufen und sparen sich daher die Transaktionsgebühren.

Es gibt jedoch einen Fall, bei dem ein vorzeitiger Verkauf durchaus ratsam sein kann: wenn nämlich die Aktie sehr stark gestiegen ist, Ihr Diskont-Zertifikat noch eine lange Restlaufzeit hat und Sie lediglich noch ein paar Cent gewinnen können, dann sollten Sie verkaufen und mit dem Geld etwas Vernünftigeres anfangen. In diesem Fall sollten Sie wegen der dann anfallenden Transaktionsgebühren nicht so knauserig sein. Den steuerlichen Aspekt, der sicher auch berücksichtigt werden sollte, lasse ich hier einmal außen vor.

139.
Angenommen, bei meinem Bonus-Zertifikat wurde das Sicherheitslevel während der Laufzeit erreicht.
Was soll ich dann machen?

Zur Erinnerung: Wenn das Sicherheitslevel erreicht wurde, die Aktie also eine bestimmte Kursgrenze erreicht oder unterschritten hat, dann verlieren Sie den Bonus, auf den Sie ursprünglich ja ganz scharf waren. Was heißt das nun?

Eigentlich könnten Sie das Zertifikat nun verkaufen, da Sie von nun an ja „nur" noch eins zu eins von der Aktie partizipieren. Da hätten Sie ja gleich die Aktie kaufen können. Es sei denn, Sie glauben an den Basiswert und wollen sich die Kosten für den Verkauf und den gleichzeitigen Kauf der Aktie sparen. Neueinsteiger sollten die Finger von einem solchen Zertifikat lassen.

Deshalb der Tipp: Wer nach Emission kauft, sollte sich stets informieren, ob das Sicherheitslevel auch tatsächlich noch nicht verletzt wurde.

140.
Was ist mit einem Bonus-Zertifikat, wenn der Basiswert die Bonushöhe schon erreicht hat. Soll ich das Zertifikat dann verkaufen?

Nicht unbedingt. Angenommen, Sie haben ein Bonus-Zertifikat, bei dem die Bonus-Zahlung auf die Höhe des Bonus' begrenzt ist. Wenn nun die Aktie, auf die Sie ein Bonus-Zertifikat gekauft haben, auf beispielsweise 130 Euro gestiegen ist und Ihr Bonus (und somit auch Cap) 130 Euro beträgt, so könnten Sie dazu neigen, mit dem Argument zu verkaufen: Mehr kann ich eh nicht bekommen. Das ist zwar richtig; dennoch wird Ihr Zertifikat in dem Moment noch nicht 130 Euro wert sein, sondern etwa 128 Euro. Das hängt von verschiedenen Faktoren wie beispielsweise Volatilität und Restlaufzeit ab. Läuft Ihr Zertifikat nur noch wenige Wochen, dann lassen Sie es einfach zu Ende laufen und freuen sich über die Abschlusszahlung von 130 Euro. Läuft es länger, sollten Sie möglicherweise verkaufen beziehungsweise in ein Zertifikat mit dann angepassten Konditionen (Sicherheitslevel, Bonus) wechseln.

Haben Sie ein „normales" Bonus-Zertifikat (im Gegensatz zum gedeckelten Bonus-Zertifikat oben) so ist Ihr Gewinn ja nicht begrenzt. Lassen Sie es also weiterlaufen. Steht die Aktie also später bei 200 Euro, so kassieren Sie am Ende ebenso 200 Euro. Aber auch hier gilt: Wenn die Aktie bei 200 Euro steht, wird das Zertifikat noch ein wenig darunter notieren. Auch dann stellt sich die Frage: Wie lange läuft das Zertifikat noch, und wie hoch wäre vergleichsweise eine Verzinsung am Kapitalmarkt?

141.
*Wann bekomme ich eigentlich mein Geld zurück,
wenn der Schein ausgelaufen ist?*

Wenn die Laufzeit eines Optionsscheins vorbei ist, haben Sie in aller Regel drei bis fünf Börsentage später das Geld auf Ihrem Verrechnungskonto. Ist dem nicht so, dann sollten Sie bei Ihrer Bank nachhaken.

142.
*Was passiert, wenn aufgrund technischer Probleme seitens
des Emittenten der Handel nicht möglich ist?*

Anhand der Börsenregeln entbindet ein technisches Problem oder eine besondere Marktsituation den Emittenten von der Verpflichtung, einen Preis zu stellen.

143.
*Wie sichern sich die Emittenten ab, wenn an der Heimatbörse
der Handel bereits beendet ist?*

Grob gesagt: Wenn Sie einen Call auf die Aktie des japanischen Elektroriesen Sony kaufen, kauft die Bank zu ihrer Absicherung die Aktie. Relevant ist bekanntlich die Notierung in Tokio. Doch zu den Zeiten, in denen wir in Deutschland handeln, schlafen die Japaner. Die Börse ist zu. Also bedienen sich die Händler zu der Zeit bei den auch in Deutschland gehandelten Aktien von Sony. Dabei rechnen sie gleichzeitig den aktuellen Wechselkurs des Yen zum Euro ein. Ähnlich agiert die Bank auch bei anderen Aktien, wenn die Heimatbörse geschlossen ist.

144.
Wie können die Banken denn bis 22 Uhr handeln, wenn die Börsen bereits um 20 Uhr schließen? Sie müssen sich doch mit den Aktien absichern?

Verschiedene Aktien oder Indizes korrelieren miteinander. So entwickeln sich etwa Technologiewerte aus den USA ähnlich wie diejenigen in Europa.

Das heißt: Bricht etwa eine Intel-Aktie in den USA ein, so ist damit zu rechnen, dass davon auch der deutsche Chiphersteller Infineon belastet wird, und entsprechend wird ein Optionsschein auf Infineon davon beeinflusst sein. Aus eben solchen Korrelationen können die Emittenten bis 22 Uhr deutscher Zeit handeln – und auch dann einen Preis für eine deutsche Aktie annehmen, wenn der Handel in Deutschland längst geschlossen ist.

145.
Kann ich jedes Produkt bei jeder Bank zeichnen?

Es kommt vor, dass Emittenten für bestimmte Produkte eine Zeichnungsphase sozusagen exklusiv einem bestimmten Kundenkreis anbieten. Dann können alle anderen Anleger erst im Anschluss daran das Produkt an der Börse oder auch außerbörslich kaufen. Das muss dann nicht immer zu spät sein.

146.
Kann ich ein Produkt tatsächlich auch über die Börse zeichnen?

Die meisten Zertifikate werden in einer so genannten Zeichnungsfrist den Anlegern angeboten. Nun gibt es neben der üblichen Zeichnungsmöglichkeit über Ihre Bank seit Ende 2004 auch die Möglichkeit, über die Börse zu zeichnen.

III Handel mit Derivaten

Das kann für Sie besonders dann sinnvoll sein, wenn Sie ein Produkt wollen, dass Ihnen Ihre Hausbank, aus welchen Gründen auch immer, über den Zeichnungsweg nicht anbietet.

147.
Was muss ich bei der Orderaufgabe beachten, wenn ich ein Zertifikat über die Börse zeichnen will?

Sie müssen wie bei jeder Order auch hier zunächst die WKN oder ISIN eingeben, dann den Handelsplatz, also Stuttgart oder Frankfurt. Ein Limit brauchen Sie im Grunde nicht eingeben, da der Preis, zu dem das Zertifikat in der Zeichnungsphase angeboten wird, fix ist. Geben Sie also den Zusatz „billigst" ein. Auch sollte der Auftrag nicht etwa tagesgültig, sondern bis zum Ende der Zeichnungsfrist gültig sein. Erst am Ende der Frist kommt die Info über die Zeichnung des Produktes.

Übrigens: Wenn Sie zeichnen wollen, warten Sie nicht bis zum letzten Tag. An diesem kann es nämlich sein, dass – je nach Emittent – eventuell schon früh keine Aufträge mehr angenommen werden.

148.
Was kostet die Zeichnung über die Börse?

Im Gegensatz zu einer normalen Derivate-Order über die Börse, fällt bei der Zeichnung keine Courtage an. Sie zahlen also lediglich den Ausgabeaufschlag, der zwischen 1 und 2 Prozent liegt und auf den Seiten der Börsen Frankfurt und Stuttgart beim jeweiligen Produkt aufgelistet ist. Hinzu kommen je nach Bank die üblichen Transaktionsgebühren, die bei der Zuteilung anfallen.

149.
Welches sind die Vor- und Nachteile der beiden Möglichkeiten über die Börse oder direkt bei der Bank ein Produkt zu zeichnen?

Zunächst können Sie über die Börse möglicherweise bereits früh – also bereits in der Zeichnungsphase – Produkte erwerben, an die Sie sonst in dieser Phase nicht rankommen würden. Der Preis ist der gleiche. Beachten Sie aber, dass Ihre Bank eventuell bei der Zeichnung über die Börse eigene Gebühren verlangt. Wer ein Produkt über die eigene Bank handelt, kann möglicherweise auch Vergünstigungen beim Ausgabeaufschlag erhalten. Das Produkt und die Zeichnungsfristen sind im Übrigen gleich – ob Zeichnung an der Börse oder bei der Bank.

150.
Da ich ein interessantes Produkt zeichnen will, bin ich dabei, ein Depot bei einer Bank zu eröffnen. Das dauert aber noch ein wenig. Kann ich trotzdem schon zeichnen?

Nein. Sie brauchen erst das Depot; auch eine Art Vorreservierung ist hier in den meisten Fällen nicht möglich.

151.
Thema Ausübung. In einer Produktbedingung stand, dass ich nur einmal im Quartal verkaufen beziehungsweise ausüben kann. Ist das richtig?

Ausüben ist das richtige Wort. Das führt leider immer wieder zu Verwirrung. Verkaufen können Sie nämlich jederzeit. Wollen Sie ausüben – also den exakten Gegenwert in bar erhalten – müssen Sie Ihre Bank informieren. Manche Anleger üben aus, um dadurch Verkaufsspesen zu sparen, zahlen dafür aber, je nach Bank, eine Ausübungsgebühr.

152.
Bei welchen Derivaten kann ich ausüben und bei welchen nicht?

Das hängt davon ab, ob Ihr Optionsschein europäischer oder amerikanischer Art ist – was das genau heißt, steht in der Antwort zur Frage 192.

Kurz gesagt: Mit einem europäischen Schein können Sie nicht während der Laufzeit ausüben. Ist er amerikanischer Art, so geht das jederzeit. Sie können also jederzeit den Basiswert beziehungsweise den Gegenwert des Basisproduktes in bar erhalten.

Achten Sie darauf, bei welchem Produkt Sie wann ausüben können. So ist eine Ausübung bei Diskont- und Bonus-Zertifikaten nicht möglich; bei endlos laufenden Index-Zertifikaten viermal im Jahr, bei Optionsscheinen täglich und so weiter. Sie merken schon: Sie müssen in den Bedingungen nachschauen.

153.
Was ist der Vorteil, wenn ich nun ausübe, statt normal zu verkaufen?

Sie werden sich fragen: Warum soll ich etwa einen Optionsschein ausüben, dann verliere ich doch den noch vorhandenen Zeitwert? Richtig. Dennoch kann eine Ausübung bei Scheinen tief im Geld kurz vor Laufzeitende sinnvoll sein; hier dürfte nämlich kaum noch ein Zeitwert vorhanden sein. Ihre Rechnung sollte dann abhängig von den Transaktionskosten sein, die Sie normalerweise bei einem Verkauf zahlen müssten. Liegen diese höher, als der entgangene Zeitwert, dann üben Sie aus.

Wollen Sie ausüben, müssen Sie dies allerdings am frühen Morgen der Bank mitteilen – und je nach Bank kostet dies etwa 10 Euro pauschal.

154.

Ich habe mich zur Ausübung meines Produktes entschieden.
Zu welchem Kurs wird abgerechnet?

Zum Tagesschlusskurs einer Aktie sowie bei Währungen und Rohstoffen zu bestimmten Kursen etwa gegen Mittag. Achten Sie darauf. Wenn Sie ausüben wollen, müssen Sie das Ihrer Bank bereits am frühen Morgen mitteilen; abgerechnet wird indessen erst zum Schlusskurs; und das Geld erhalten Sie – anders als beim normalen Verkauf – erst etwa drei Tage später auf Ihr Konto.

IV

Chance

155.
Wie viel kann ich mit Derivaten verdienen?

Unendlich viel. Tatsächlich, es gibt im Grunde keine Grenzen. So ist es schon oft vorgekommen, dass Anleger gerade mit Optionsscheinen Millionär geworden sind.

Wer besonders schnell besonders reich werden will, muss einen Optionsschein mit hohem Hebel kaufen. Klar, dass hier auch die Gefahr groß ist, alles ganz schnell zu verlieren.

Nur mit Disziplin kann ein Anleger in dem Geschäft erfolgreich sein und der Optionsschein-Millionär auch Millionär bleiben.

156.
Welches sind die größten Fehler, die ich als Derivate-Investor unbedingt vermeiden sollte?

Aussitzen, Disziplinlosigkeit – und in Urlaub fahren. Nun ja, letzteres zählt, wenn überhaupt, nur für Besitzer von hochspekulativen Optionsscheinen.

Es ist wichtig, am Markt zu sein, die Funktionsweisen zu kennen, und Sie sollten rechtzeitig die Reißleine ziehen, wenn es nicht so läuft, wie erhofft. Andererseits sollten Sie auch nicht zu gierig werden. Nehmen Sie einfach mal 10, 20 Prozent Gewinn mit und ärgern sich nicht, wenn es im Nachhinein durchaus hätten mehr sein können. Sie können mir glauben: Es werden sich immer wieder neue Chancen ergeben.

157.
Wie viel Geld kann ich mit Express-Zertifikaten maximal gewinnen?

Leider nicht unbegrenzt viel. Aber dafür ist das Produkt auch gar nicht konzipiert. Wie viel Sie maximal gewinnen können, ist vorher definiert. So können nach einem Jahr bereits leicht bis zu 10 Prozent Gewinn drin sein.

158.
Ich habe gehört, dass der Gewinn eines Bonus-Zertifikates unbegrenzt sei. Stimmt das?

Bei normalen Bonus-Zertifikaten stimmt das. Aber aufgepasst, bei manchen ist das nämlich nicht der Fall. Es gibt Bonus-Zertifikate mit Obergrenze. Bei diesen partizipieren Sie nicht endlos mit. Sie nennen sich Bonus-Zertifikate mit Cap und haben auf der anderen Seite den Vorteil, dass Sie eine geringere Laufzeit und einen höheren Schutz nach unten genießen.

159.
Sind Diskont-Zertifikate zu bestimmten Börsenzeiten im Trend, zu anderen eher aus der Mode?

Da ist durchaus etwas dran. Denken Sie nur an die Zeit, als die Kursschwankungen an den Börsen extrem hoch waren. Dies hatte zur Folge, dass Diskont-Zertifikate sehr beliebt waren.

Der Grund: Hohe Kursschwankungen verteuern Optionen. Da Sie über ein Diskont-Zertifikat indirekt eine solche Option verkauft haben, haben Sie mehr Geld bekommen und damit einen höheren Abschlag auf Ihr Papier.

Man kann durchaus als Faustformel sagen: Je höher die Kursschwankungen einer Aktie, desto attraktiver ein Diskont-Zertifikat.

Vergleichen Sie etwa mal ein Diskont-Zertifikat auf das DAX-Unternehmen Linde mit einem auf die Solar-Aktie Solarworld. Hier sehen Sie Volatilitätsunterschiede von etwa 30 Prozentpunkten. In Zeiten, in denen grundsätzlich die Kursschwankungen abnehmen, verlieren Diskont-Zertifikate zwar ein wenig an Attraktivität, dennoch wird ihre Beliebtheit nie verschwinden.

V

Hintergrund

160.
Was bedeutet der Begriff Option?

Der Begriff kommt aus dem Lateinischen. „Optio" heißt freier Wille und bezeichnet sozusagen das Recht, aber nicht die Verpflichtung, in der Zukunft eine bestimmte Aktie zu erwerben beziehungsweise zu verkaufen.

So gibt es die Kaufoption – auch Call genannt – bei der Sie eine Aktie zu einem bestimmten Kurs kaufen können. Der Kurs ist vorher bekannt und heißt Basispreis. Es spielt dann also keine Rolle, wie die Aktie tatsächlich notiert, Sie können die Aktie zum Basispreis erwerben.

Umgekehrt haben Sie mit einer Put-Option das Recht erworben, eine Aktie zu einem bestimmten Kurs (Basispreis) zu verkaufen.

In beiden Fällen ist mit dem so genannten Ausübungstag auch der potenzielle Kauf- oder Verkaufstermin im Voraus festgelegt.

161.

Warum liest man ab und an im Zusammenhang mit Optionsscheinen den Begriff „warrant"?

Ein Freund von mir hatte jahrelang in London mit Optionsscheinen zu tun. Irgendwann kaufte er sich ein kleines Boot und taufte es auf den Namen „Warrant". Warrant ist schlicht der englische Begriff für Optionsschein. Und um eben nicht immer wieder „Optionsschein" zu schreiben, liest man eben hier und da auch mal Warrant. Übrigens, der Freund besitzt die „Warrant" mittlerweile nicht mehr. Aber keine Sorge: Er ist mit ihr nicht untergegangen.

162.

Sind eigentlich die klassischen Optionsscheine völlig vom Markt verschwunden?

Nein, sind sie nicht, allerdings haben sie zusehends an Bedeutung verloren. Noch Anfang der 80er Jahre gab es ausschließlich diese von den Unternehmen selbst an den Markt gebrachten Scheine. Doch Ende der 80er ging es mit den ersten so genannten gedeckten Optionsscheinen (Covered warrants) los. Scheine also, die von einer Bank begeben und auf die Kursentwicklung einer Aktie bezogen sind. Nach einem eher zaghaften Beginn, erreichte der Markt für Optionsscheine in den ersten Jahren des neuen Jahrtausends seinen Höhepunkt.

Wenn man heute von Optionsscheinen spricht, meint man fast ausschließlich Covered Warrants.

163.

Klären Sie mich bitte mal auf, was soll die Begriffsverwirrung Derivate, Zertifikate, Optionsscheine, strukturierte Produkte, Anlageprodukte, Hebelprodukte...?

Da schwirren wahrlich viele Begriffe umher. Versuchen wir mal ein Grobbild aufzuzeigen.

Also: Optionsscheine und Zertifikate können Sie ähnlich wie Anlage- und Hebelprodukte als Unterbegriffe für Derivate sehen, während Derivate auf gleicher Ebene zu strukturierten Produkten zu betrachten ist. Ein derivatives Instrument ist per Definition ein abgeleitetes Produkt; das eine Aktie oder einen Index als Basis hat und sich darauf bezieht.

Ähnlich ist auch ein strukturiertes Produkt zu sehen. Es werden Aktien mit Optionen, Anleihen etc. kombiniert beziehungsweise „strukturiert", um selbst die unterschiedlichsten Anlegerwünsche zu befriedigen.

Lassen Sie sich nicht verwirren von den Begrifflichkeiten; eine einheitliche Struktur wird es aufgrund der Vielzahl der Produkte womöglich nie geben.

Derivate/Strukturierte Produkte

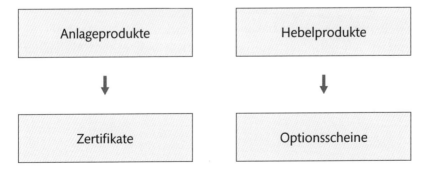

164.
Warum gibt es so unterschiedliche Bezeichnungen teils für die gleiche Art von Produkten?

Wahrlich ein Ärgernis für den Privatanleger. Das Ganze hängt zum einen mit hausinternen Vorgaben – auch rechtlichen Vorgaben – für Namensgebungen zusammen, die eben nicht mit denen anderer Banken konform gehen. Aber es hat auch mit unterschiedlichen Auffassungen darüber zu tun, wer denn nun mit einer speziellen Produktidee als erster am Markt war; wer sich letztlich also wem anpassen sollte.

Allerdings scheint für den Anleger Besserung in Sicht: In jüngster Zeit einigen sich die Emittenten bei mehr und mehr Produkten auf eine einheitliche Namensgebung.

165.
Auf was kann ich mit Derivaten überhaupt setzen?

Auf alles. Na, sagen wir: auf fast alles. Noch können Sie mit herkömmlichen Derivaten nicht auf die morgigen Fußballergebnisse setzen oder eben auch nicht auf die Lebensdauer Ihrer Pflanze. Doch beim Wetter fängt es schon an. Mittlerweile gibt es nämlich bereits Wetter-Derivate, mit denen Sie auf die Temperatur von morgen setzen können.

Doch bleiben wir beim bekannteren Geschäft für Privatanleger: Sie können auf nationale und internationale Indizes und Aktien, auf allerlei Währungspaare, auf Rohstoffe, auf Baskets und auf Zinsen setzen. Es gibt kaum noch Grenzen – weder von Seiten der Produkte noch seitens der Länderwahl.

166.

Wer kauft Derivate und warum?

Ich würde unterscheiden zwischen Hebelprodukten, also den rein spekulativen Investments, und Anlageprodukten, die grob gesagt eher etwas für konservativere Investoren sind.

Hebelprodukte werden meist von jungen Menschen gekauft, die die Chance ergreifen wollen, schnell aus wenigen Euros eine Menge Geld zu machen. Dabei können sie durchaus erfolgreich sein. Sie sind eindeutig spekulativ veranlagt, investieren in der Regel 5.000 bis 10.000 Euro in ein Produkt. Die durchschnittliche Investitionssumme bei Anlageprodukten ist dagegen höher als bei Hebelprodukten. Kein Wunder, denn hier geht es durchaus auch um Altersvorsorge, um Kapitalgarantie ebenso wie um risikobewusstes, langfristiges Investieren. Wer die Welt der Derivate kennen gelernt hat, der versteht, warum Derivate wirklich jedem etwas bieten.

167.

Wie viele Zertifikate-Anleger gibt es eigentlich?

Das Deutsche Aktieninstitut hat zusammen mit der Deutschen Börse und dem Deutschen Derivateinstitut erstmals die Zahl der Zertifikate-Anleger in Deutschland ermittelt.

Das Ergebnis: 4,2 Millionen beziehungsweise 6 Prozent der Anleger in Deutschland besitzen Zertifikate. Die Zusammensetzung der Zertifikatedepots war dabei nicht bekannt. Zu vermuten ist, dass die ermittelte Prozentzahl in den nächsten Jahren rasant wachsen wird. Mitte des Jahres 2006 sind in Deutschland mehr als 100 Milliarden Euro in Derivaten angelegt; davon 99 Prozent in Anlageprodukten, also nur ein geringer Teil in stark spekulativen Zertifikaten.

168.
Wie viele Produkte gibt es überhaupt?

Einzelne Emittenten haben heute so viele Derivate im Angebot, wie es noch vor wenigen Jahren gerade am gesamten Markt gab. Ende 2006 können die Anleger unter 60.000 Anlageprodukten und noch einmal so vielen Hebelprodukten wählen.

169.
Wie hoch sind die Umsätze in Derivaten?

Nehmen wir den Mai 2006. Allein in diesem einen Monat erreichten die Börsenumsätze in derivativen Wertpapieren mit knapp 14 Milliarden Euro einen Rekordwert. Im Gesamtjahr 2006 waren es 120 Milliarden Euro.

Die Produkt-Favoriten: Index-, Bonus- und Diskont-Zertifikate.

170.
Sind die Emittenten in einer Art Verband organisiert?

Ja, seit 2003 gibt es in Deutschland zwei Verbände, in denen die Emittenten Mitglieder sind. Da ist zum einen das Derivate-Forum (www.derivate-forum.de), zum anderen das Deutsche Derivate Institut, DDI (www.ddi.de).

Beide Verbände machen monatliche Erhebungen, zeigen Trends und repräsentieren die Emittenten auf der politischen Bühne.

171.
Wer zählt denn überhaupt zu den großen Emittenten von Derivaten?

Nimmt man alle Produktarten und zudem den außerbörslichen und börslichen Handel zusammen, so liegt die Deutsche Bank mit einem Umsatzanteil von etwa 20 Prozent vorne. Es folgen die Commerzbank und ABN Amro sowie anschließend zahlreiche weitere kleinere Emittenten mit teilweise nur ganz geringen Prozentanteilen.

172.
Wie sehen die Prognosen für den Markt aus?

Das Deutsche Derivate Institut (DDI), die Deutsche Börse, das Deutsche Aktieninstitut und das Düsseldorfer Marktforschungsinstitut AMR haben jüngst Vermögensverwalter und Bankberater in Deutschland befragt.

Das Ergebnis: Der Absatz von Anlage-Zertifikaten wird zukünftig zu Lasten von Aktienfonds und Aktien weiter zunehmen.

173.
Kann jeder Schein ungeprüft emittiert werden?

Es ist Pflicht, einen Verkaufsprospekt zu hinterlegen. Alle Verkaufsprospekte für neue Produktarten werden vom Bundesaufsichtsamt für den Wertpapierhandel geprüft. Vor der Emission muss der Emittent dann eine Hinweisbekanntmachung veröffentlichen. Erst dann kann emittiert werden. Theoretisch.

Bekanntlich emittieren die Banken ja ganz schnell neue Scheine. Das funktioniert, indem sie bei bekannten Produktgruppen einen unvollständigen Verkaufsprospekt bei der Behörde abgeben. Es folgt dann ein Nachtrag zum unvollständigen Verkaufsprospekt. Darin steht auch im Detail, welche Aktien Sie zu welchem Termin erhalten, wenn Sie etwa einen Schein ausüben.

Und so kommt es, dass Emittenten ganz schnell auf Marktveränderungen mit der Emission neuer Scheine reagieren können – im Interesse aller Beteiligten.

174.
Bei manchen Zertifikaten lese ich von Kündigungsrecht seitens des Emittenten.
Muss ich mir Sorgen um eine Kündigung machen?

Das scheint zunächst etwas verwirrend und macht den Anlegern Angst. Man kann allerdings davon ausgehen, dass von diesem Recht nur in den wenigsten Fällen Gebrauch gemacht wird.

Die Kündigung kann etwa dann – und auch nur mit einer langen Kündigungsfrist – erfolgen, wenn der Basiswert an Bedeutung verliert beziehungsweise ganz aufgelöst wird.

Denken Sie etwa an den Neuen Markt, den NEMAX, den die Deutsche Börse schließlich ganz von der Index-Liste strich. Somit verschwanden auch nach und nach alle Derivate auf diesen Index.

175.

Was machen Sie eigentlich in der Bank, wenn ich beispielsweise 1.000 Calls auf die Aktie von DaimlerChrysler kaufe?

Grob gesagt, kauft die Bank DaimlerChrysler-Aktien. Nun stellt sich die Frage: Wie viele? Ich setze hier mal ein Bezugsverhältnis von 1:10 voraus. Ist der Call „tief im Geld", wären es exakt 100 Stück. Das liegt daran, dass Sie sich mit 1.000 Calls ja im Grunde das Recht gekauft haben, 100 Aktien zu einem bestimmten Kurs zu beziehen. Falls der Kurs der DaimlerChrysler-Aktie fällt und der Call aus dem Geld läuft, kann die Bank natürlich auch die Anzahl der Aktien verringern und verkaufen. Die Bank muss natürlich gegebenenfalls Aktien liefern können, beziehungsweise bei Verfall verkaufen um den Differenzbetrag zu zahlen. Deshalb muss sie auch DaimlerChrysler-Aktien besitzen. In der Praxis folgt natürlich nicht auf jeden Optionsschein-Kauf ein sofortiger Kauf der Aktie. Das geschieht meist paketweise innerhalb unterschiedlicher Zeiträume.

176.

In Broschüren lese ich öfter einmal etwas von Managementgebühren bei Zertifikaten.
Wie hoch können diese sein, und wann werden mir diese berechnet?

Zertifikate gibt es in vielen Ausprägungen, viele ohne, manche mit Managementgebühren. Managementgebühren liegen zwischen 0,5 Prozent und 1,5 Prozent – pro Jahr versteht sich. Diese Gebühr wird dann auf täglicher Basis am Kurs des Zertifikates abgezogen. Als Anleger merkt man diese Gebühr kaum. Der faire Wert des Investments bleibt erhalten. Mögliche Gebühren werden übrigens von den Banken kenntlich gemacht.

177.
Muss ich auch als Derivate-Besitzer wissen, wann die Hauptversammlungen der Aktienunternehmen stattfinden?

Sie sind kein Aktionär, bekommen also auch keine Einladung zur Hauptversammlung, haben kein Stimmrecht, bekommen keine Würstchen – und keine Dividende.

Sie könnten nun fragen: Was interessiert mich der HV-Termin? Er sollte Sie interessieren; ja, er muss Sie interessieren. Zahlt nämlich die Aktiengesellschaft Dividende, so kann dies entscheidende Auswirkungen auf Ihr Derivat haben, indem es nach dem Dividendenabschlag zum Beispiel ausgeknockt wird.

Also, auch ohne HV-Einladung: Informieren Sie sich immer, wann die HV stattfindet und wie hoch die voraussichtliche Ausschüttung sein wird.

178.
Manchmal sehe ich in einer Produktstatistik ungerade Bezugsverhältnisse wie etwa 1:1,0138. Warum machen die Emittenten das?

Die Emittenten hätten es auch lieber anders, glauben Sie mir. Bei der Emission eines Optionsscheines oder Zertifikates sieht das alles auch noch schön gerade aus. Doch dann entschließt sich irgendwann das eine oder andere Unternehmen zu einer Kapitalmaßnahme, sprich Kapitalerhöhung, Aktiensplit etc.

Die Folge: Die Produkte auf solche Aktien müssen angepasst werden. Und das passiert über den Basispreis und eben über das Bezugsverhältnis. So kann dann leider beispielsweise aus 1:1 ein Verhältnis von 1:1,0138 werden.

V **Hintergrund**

179.
Warum gibt es so unterschiedliche Bezugsverhältnisse bei den diversen Produkten?

Bezugsverhältnisse können nicht nur von Kapitalmaßnahmen der Unternehmen rühren. So werden Knock-Out-Scheine und Diskont-Zertifikate auf Indizes meist mit einem Verhältnis von 1:100 emittiert; auf Aktien häufig 1:10. Es gibt zahlreiche weitere Beispiele. Grundsätzlich geht es zum einen darum, die Scheine optisch nicht zu teuer zu gestalten. So kann ein Schein 5 Euro, aber auch 50 Euro – je nach Bezugsverhältnis – kosten.

Die Erfahrung zeigt: Die Mehrheit der Anleger würde eher 100 Scheine des ersten Produktes als zehn Scheine des zweiten kaufen. Anleger sollten unbedingt einen Blick darauf werfen. Denn ein optisch billiger Schein muss nicht wirklich billig sein, kann somit schnell blenden.

180.
Was passiert am so genannten Ausübungstag?

An dem Tag geht der Blick auf den Basiswert. An dem Tag wird sozusagen abgerechnet; es entscheidet sich, was Sie dann drei Tage später geliefert bekommen.

Achtung: Der Ausübungstag wird je nach Publikation auch als Stichtag und Beobachtungstag bezeichnet Die Angaben und Begriffe im Internet sowie jene der Emittenten sorgen oft für Verwirrung. Im Zweifelsfall sollten Sie dringend nachfragen und gegebenenfalls beim Emittenten anrufen.

181.
Was bedeutet dann der Fälligkeitstag?

Drei Arbeitstage dauert es in etwa, bis das Zertifikat tatsächlich „fällig" ist. Abgerechnet wird also zum Ausübungstag, aber das Geld, das gibt es erst am Fälligkeitstag auf das Depot beziehungsweise das Verrechnungskonto.

182.
Gibt es eine Unterscheidung zwischen Ausübungstag und Fälligkeitstag nur bei Zertifikaten?

Wenn Sie bei einem Optionsschein eine Angabe zum Laufzeitende sehen, dann wissen Sie genau: An dem Tag wird abgerechnet; somit entspricht hier das Laufzeitende im Grunde dem Ausübungstag bei Zertifikaten. Die hehre Absicht, durch die Angabe der beiden Tage noch mehr Transparenz bei Zertifikaten reinbringen zu wollen, hat bislang leider eher zu Verwirrung geführt.

183.
Die Bank freut sich doch ganz bestimmt, wenn ich armer Anleger mit meinen Call-Scheinen einen Verlust erleide, da sie ja die Gegenposition einnimmt – und dann gewinnt?

Eben nicht. Die Bank freut sich, wenn Sie gewinnen. Schließlich ist so die Hoffnung groß, dass Sie als Kunde erhalten bleiben. Rein wirtschaftlich gesehen ist es der Bank allerdings egal, ob Sie mit Ihrem Investment gewinnen oder verlieren. Sie geht in ihrer Absicherungsposition keine Gegenposition ein, wie viele vermuten. Deshalb ist der Gedankengang auch falsch.

184.
Woran verdienen die Emittenten?

Durch die große Anzahl der Produkte, die ein Emittent hat, werden Positionen aufgebaut. Je nachdem wie die Absicherung der Emittenten auf die einzelnen Positionen ist, kann er aus den Marktbewegungen verdienen. Wenn die Emittenten ihre Positionen immer hundertprozentig absichern, geht das natürlich nicht.

185.
Gerade 1:1-Zertifikate auf den DAX werden noch nicht einmal mit einem Spread versehen.
Woran verdient da die Bank?

Wenn ich Ihnen jetzt sage „nichts", dann in der Erwartung, dass Sie mir das auch wirklich glauben. Wenn ein solches Zertifikat zum gleichen Kurs sowohl gekauft als auch verkauft werden kann, verbleibt hier keine Gewinnmarge, zumal bei diesem Produkt auch sonst keine Managementgebühren oder ähnliches mit einberechnet werden.

Es fallen also nur bankabhängige Transaktionsgebühren an. Das DAX-Zertifikat ist ein Standardprodukt, das mittlerweile jeder Emittent schlicht in seiner Palette haben muss. Die Emittenten hegen dabei natürlich die Hoffnung, dass der Anleger, der bei ihnen ein solches DAX-Zertifikat kauft, möglicherweise auch Kunde von einem anderen Produkt wird, bei dem dann der Emittent etwas verdienen mag.

186.
*Mein Schein wurde ausgeknockt;
das hat der Emittent doch selbst bewirkt!?*

Hin und wieder mal hört man den Vorwurf, der Emittent würde den Schein ausknocken, um dabei Geld zu verdienen. Es ist zwar richtig, dass der Emittent auch am Aktienmarkt als Teilnehmer aktiv ist, allerdings wird hier die Einflussnahme überschätzt.

Da es jedoch häufig bei bestimmten Kursmarken bankenübergreifend zur Auslösung größerer Transaktionen kommt, ist eine Sogwirkung nicht auszuschließen. Hier werden bestimmte Grenzen im Markt getestet. Anleger, die nah an solchen Marken agieren, sollten sich über das hohe Risiko, das sie hier eingehen, im Klaren sein. Zudem werden die Emittenten mit der Auflösung der von ihnen unterhaltenen Absicherungspositionen bereits dann beginnen, wenn sich der Kurs oder der Wert des Bezugsobjekts dem Barriere-Betrag nähert. Diese Auflösung kann die Annäherung des jeweiligen Bezugsobjekts an den Barriere-Betrag verstärken und im schlimmsten Fall einen Knock-Out, der den Schein wertlos werden lässt, selbst herbeiführen.

187.
*Als Aktionär bekomme ich doch Dividende.
Was bekomme ich als Derivate-Anleger?*

Die Chance auf attraktive Gewinne. Ja, es ist richtig, dass Sie die Dividende aufgeben.

So kommt natürlich oft die Frage auf: Was machen die Banken mit „meiner" Dividende? Grob gesagt, nehmen die Banken diese und kaufen Optionen mit denen sie Ihnen die Möglichkeit bieten, überproportional zu partizipieren und/oder abgesichert zu agieren. All das ist nämlich mit Optionen möglich, mit Dividenden nicht. Sie sollten sich entscheiden, was Ihnen lieber ist.

V Hintergrund

188.
Wenn ich nun ein Zertifikat auf den DAX habe und sich die Zusammensetzung des Index ändert, ändern sich dann auch die Bedingungen meines Zertifikates, oder?

Die Bedingungen ändern sich nicht; schließlich haben Sie ja ein Zertifikat oder einen Optionsschein auf den DAX gekauft und dabei bleibt es. Natürlich setzen Sie nun auf die Neuzusammensetzung, also beispielsweise seit September 2006 unter anderem auf die Deutsche Postbank statt wie zuvor auf Schering.

189.
Indizes wie der EuroStoxx 50 oder der Nikkei 225 sind bekanntlich Kursindizes, Dividenden werden also nicht berücksichtigt.
Was passiert, wenn ich ein Zertifikat auf einen solchen Kursindex kaufe?

Dann bekommen Sie natürlich keine Dividende. Der Emittent, der sich ja bekanntlich absichern muss, kauft die Aktien und erhält die Dividende. Das ist in diesem Fall sozusagen der Gewinn des Emittenten, der jedoch besonders beim Nikkei, dessen Aktien traditionell wenig Dividenden ausschütten, gering ist.

190.
Warum gibt es viel mehr Calls als Puts am Markt?

Weil die Anlegerschar eher positiv als negativ gestimmt ist. Selbst in den größten Baissephasen hat es lange gedauert, bis Anleger in vernünftigem Maße die Chancen von Put-Scheinen entdeckt haben. Es liegt ja auch in der Natur des Menschen: Wer ergötzt sich schon gerne am Leid der Masse? Außerdem haben Anleger meist auch noch Aktien im Depot und sollen nun parallel mit Puts auf fallende Kurse setzen...

Da stehen sie sehr häufig vor einem Dilemma. Es gibt noch weitere Faktoren, die mit Absicherung zu tun haben, auf die ich allerdings an dieser Stelle nicht weiter eingehen werde.

Jedenfalls: Es wird wohl auf Dauer so bleiben, dass die Zahl der Calls jene der Puts übertrifft.

191.
Ich kannte bislang immer nur die Wertpapier-Kennnummer (WKN), nach der sich ein Produkt klar zuordnen ließ. Nun gibt es eine so genannte ISIN. Was ist der Unterschied?

Beide Nummern kennzeichnen das gleiche Produkt. Die ISIN dient der eindeutigen internationalen Identifikation von Wertpapieren. Sie besteht aus einem zweistelligen Ländercode (zum Beispiel DE für Deutschland), gefolgt von einer zehnstelligen alphanumerischen Kennung. Die ISIN wird wohl auf Dauer die alte WKN ablösen. Sie hat mehr Ziffern, ist international, und man stößt nicht irgendwann an Grenzen, was die Vergabe von Kennnummern betrifft. Einfacher zu merken ist natürlich die WKN – und vielfach können Sie diese auch bei Ihrer Order noch verwenden. Wen es interessiert: ISIN steht für International Security Identification Number.

192.
Ab und an lese ich von europäischen und amerikanischen Optionsscheinen. Kommen da Scheine aus Europa und andere aus den USA?

Könnte man glauben, oder? Bei den zwei Varianten geht es aber profan um die Möglichkeit der Ausübung. Europäische Scheine können nur zum Ende der Laufzeit ausgeübt werden, amerikanische jederzeit. Daher ist die zweite Variante meist auch teurer.

V Hintergrund

193.
Im Zusammenhang mit Derivaten sehe ich immer wieder diverse Gewinn- und Verlustdiagramme. Die versteht doch kein Mensch...

Ich mag diese Diagramme auch nicht. Statt aufzuklären, verwirren sie die Anleger eher. Oft zeigen die Diagramme, ab welcher Kurshöhe der Gewinn begrenzt ist, parallel dazu wird der Basiswert gezeigt; wenn dann noch eine untere Schwelle hinzukommt, dann gleichen diese Diagramme eher einem Kunstwerk, dessen Betrachter sich fragt: Was will uns dieser Zeichner sagen? Werfen Sie die Diagramme weg, und lassen Sie es sich lieber in Worten und Beispielen erklären, wie das Produkt funktioniert.

194.
Warum gibt es eigentlich nicht auf alle Aktien Derivate?

Schön wäre es eigentlich, oder? Aber dies wird wohl nie der Fall sein. Der Grund liegt schlicht in der Größe, sprich Kapitalisierung und Börsenumsatzzahl bestimmter Aktien.

Verschiedene Aktiengesellschaften sind einfach zu klein, als dass der Emittent sich nachhaltig absichern kann ohne den Markt dadurch selbst zu sehr zu bewegen. Dritter Faktor ist die Zahl der frei zur Verfügung stehenden Aktien (Free Float). So kann es sein, dass die Aktiengesellschaft zwar durchaus groß, die Zahl ihrer an der Börse platzierten Papiere jedoch minimal ist. Und noch etwas: Für viele Kleinstaktien besteht auch häufig zu wenig Nachfrage von Kundenseite, so dass eine Emission wenig Verkaufschancen hätte.

195.
Ich beobachte seit langem eine spannende Aktie;
leider gibt es kein Derivat darauf.
Sind die Emittenten offen für einen Hinweis von mir?

Rufen Sie an! Das kann ich Ihnen nur raten. Schon häufiger sind Produkte aufgrund von Hinweisen der Anleger entstanden. Warum auch nicht? Wir leben nicht hinter dicken Mauern und wollen Ihnen etwas aufdrängen, was Sie gar nicht haben wollen. Wir müssen allerdings immer abwägen, ob Ihre Idee darstellbar ist und ob unsere Händler sich absichern können. Bei vielen kleinen Aktien ist dies leider nicht möglich, sonst gäbe es wohl noch viel mehr Derivate.

196.
Warum gibt es nicht auf alle großen Aktien Bonus-Zertifikate?

Noch sind Bonus-Zertifikate junge Produkte. So schnell kann die Produktpalette gar nicht aufgefüllt werden, als dass es bereits auf jede Aktie mindestens ein Bonus-Zertifikat gäbe. Aber die Emittenten bemühen sich. Ihren Mühen sind indessen auch Grenzen gesetzt. So kommen Aktien, deren Liquidität sehr gering ist, wohl auf absehbare Zeit nicht in die Auswahl der Kandidaten für ein Bonus-Zertifikat.

Außerdem: Bekanntlich nutzt der Emittent ja die Dividende der Aktie, um solch ein interessantes Produkt überhaupt erst bauen zu können. Was also, wenn gar keine Dividende ausschüttet wird? Schüttet eine Gesellschaft auf Dauer – aus welchen Gründen auch immer – keine Dividenden aus, wird es auf deren Aktien keine Bonus-Zertifikate geben können.

197.
Kann man mit Zertifikaten auch einen Sparplan für sich oder seine Kinder abschließen?

Klar, können Sie. Es müssen längst nicht mehr nur Bausparverträge oder Fondssparpläne abgeschlossen werden. Viele Banken bieten Sparpläne mit Zertifikaten an.

Aber Achtung: Noch steht Ihnen nicht die gesamte Palette an Zertifikaten zur Verfügung. Informieren Sie sich also vorher, welche Zertifikate Ihre Bank für einen Sparplan vorsieht. Ist Ihr Wunsch-Zertifikat nicht dabei, bleibt Ihnen nur die Möglichkeit, sich selbst jeden Monat für eine bestimmte Summe Zertifikate zu kaufen. Achten Sie dabei allerdings auf die Gebühren.

198.
Zuletzt hat mir ein Fonds-Experte gesagt, man verliere sein ganzes Geld, wenn der Emittent eines Derivates Pleite geht. Stimmt das?

Die Rechtsform der Zertifikate stellt sicherlich auf den ersten Blick einen Nachteil gegenüber anderen Anlageformen dar. Zertifikate sind nämlich Schuldverschreibungen und kein Sondervermögen.

Das heißt: Kann der Emittent am Ende der Laufzeit nicht zahlen – weil er schlicht pleite ist – muss der Zertifikatebesitzer seine Ansprüche im Vergleichs- oder Konkursverfahren geltend machen.

Deshalb als Tipp: Kaufen Sie nur Produkte von renommierten Großbanken, an deren Bonität Sie keine Zweifel haben.

199.
Ab und an höre ich, dass ein Zertifikat ausverkauft sei. Wie kann das sein, die Emittenten können doch beliebig nachemittieren?

Nein, es kann durchaus vorkommen, dass ein Zertifikat ausverkauft ist. Das kann etwa dann sein, wenn die Position eines Emittenten in der dem Zertifikat zugrunde liegenden Aktie zu hoch ist und die Liquidität der Aktie zu gering ist.

Es wird dann eine bestimmte Stückzahl emittiert, und falls diese in der Zeichnungsphase vergriffen ist, bleibt dem Anleger nur der Versuch, über die Börse zu kaufen. Wenn nämlich ein Anleger, der in der Zeichnung zum Zuge kam, später verkaufen möchte, kann er hier einen Gegenpart finden.

200.
Wie lange kann eine Zeichnungsfrist für ein Zertifikat dauern?

Im Rahmen von Vertriebsmaßnahmen der Emittenten muss ein Produkt über eine bestimmte Zeitdauer zu einem konstanten Preis – meist 100 Euro – angeboten werden.

Die Dauer einer Zeichnungsfrist ist sehr unterschiedlich; das können wenige Tage, aber durchaus einige Wochen sein, bevor das Zertifikat dann schließlich „in die Freiheit entlassen wird", sprich die Börsennotiz aufnimmt.

201.
Ab und an liest man etwas von einem „fairen Wert".
Sollte exakt soviel ein Derivat auch kosten?

Der faire Wert ist ein theoretisch berechenbarer Preis einer Option. Er wird mit Hilfe mathematischer Modelle ermittelt.

Sicherlich haben Sie schon mal etwas von dem Black-Scholes-Modell gehört. Für dessen Formel haben übrigens die beiden Herren Black und Scholes den Nobelpreis erhalten. In ihr Modell fließen mehrere Faktoren ein, um am Ende einen Wert für die Option zu berechnen.

Da jeder Emittent in diesem Modell unterschiedliche Größen annimmt, ist es keineswegs so, dass der Preis am Ende auch tatsächlich jenem am Markt entspricht.

202.
Kann ich auf Derivate, die sich in meinem Depot befinden,
auch einen Kredit erhalten, wie beispielsweise auf Aktien
und Investmentfonds?

Das kommt ganz darauf an. Normale Index-Zertifikate können Sie ähnlich hoch beleihen, wie etwa einen Investmentfonds oder eine konservative Aktie.

Wann immer aber ein Termingeschäft dahinter steckt – und das ist bei vielen Derivaten der Fall – wird die Bank in der Regel das Depot beziehungsweise jene Werte nicht beleihen. Es versteht sich demnach von selbst, dass Optionsscheine – ganz gleich auf welchen Basiswert – nicht beliehen werden.

203.
Wie sieht es bei all den Produkten steuerlich aus?

Grundsätzlich gilt nach Steuergesetz 2007 die Frist von zwölf Monaten.

Das heißt: Wenn Sie Ihren Optionsschein oder Ihr Zertifikat länger als zwölf Monate halten, dann ist der mögliche Gewinn aus dem Verkauf steuerfrei – bzw. der Verlust verrechenbar.

Die Betonung liegt übrigens auf „länger". Wenn Sie nämlich am 31. Juli kaufen und im Jahr darauf am 31. Juli verkaufen, sind Sie noch innerhalb der Frist und müssen somit Steuern zahlen.

Achten Sie darauf, ob Sie nicht eine so genannte Finanzinnovation in Ihrem Depot haben; hiervon gibt es auch unter den Zertifikaten einige. Bei jenen zählt die Frist nämlich nicht. Hier müssen Sie bei Verkauf auf jeden Fall Steuern zahlen.

Spätestens 2009 soll übrigens die Abgeltungssteuer kommen. Dann soll auf alle Produkte, ganz gleich wie lange sie im Depot waren, eine Steuer von 25 beziehungsweise 30 Prozent bezahlt werden.

204.

Es gibt Produkte, die bieten 10 oder gar 20 Prozent – und das garantiert.
Das ist ja riesig, wo liegt da der Haken?

Sie sprechen von Aktienanleihen, die auch in das Feld strukturierter Produkte fallen. Wer diese Produkte besitzt, wird tatsächlich die im Produktnamen bereits erwähnten hohen Zinsen bekommen.

Die Rückzahlung Ihres Einsatzes ist aber nicht garantiert. Sie hängt nämlich von der Kursentwicklung der zugrunde liegenden Aktie ab. Im schlechtesten Fall bekommen Sie eine vorab definierte Anzahl an Aktien in Ihr Depot geliefert.

Daher: Aufpassen bei Aktienanleihen, die Konditionen genau anschauen und nicht von hohen Kupons blenden lassen.

Tipp:
Meist sind Diskont-Zertifikate interessanter. Sie sind ähnlich strukturiert, steuerlich jedoch weitaus attraktiver.

205.

Wie ist es möglich, dass ein Zertifikat beispielsweise jährlich 5 Prozent zahlen kann, wenn der Markt selbst – beispielsweise eine Bundesanleihe – gerade mal 3,5 Prozent abwirft?

Bei der Bundesanleihe handelt es sich um ein Finanzprodukt, das nahezu ausfallsicher ist. Wenn man ein kapitalgarantiertes Produkt auflegt, dann ist es möglich, eine höhere Rendite beziehungsweise einen höheren Kupon zu erzielen, indem man etwa die Wertentwicklung an einen Aktienkorb koppelt. Es kann allerdings aufgrund des Chancen-Risiko-Profils sein, dass man eine niedrigere Verzinsung erreicht.

Es gibt eben nichts umsonst. Höheres Risiko kann gegebenenfalls durch eine höhere Rendite kompensiert werden.

206.

Bei welchen Anlageprodukten griffen die Investoren in der Vergangenheit am häufigsten zu?

Sie setzten meist auf Sicherheit, also auf Garantie-Zertifikate. Es folgten in der Beliebtheitsskala Bonus- und Express-Zertifikate. Und auch Diskont-Zertifikate sind nach wie vor attraktiv.

Wen wundert es: Es sind eben die einfacheren Derivate-Konstruktionen, die immer wieder bei den Anlegern nachgefragt werden.

207.
Früher waren die „normalen" Optionsscheine der Renner.
Nun scheinen Knock-Out-Produkte der Favorit bei spekulativen
Anlegern zu sein. Warum?

Es hat tatsächlich ein Wandel in der Beliebtheit stattgefunden. Zwar sind Knock-Out-Produkte auf den ersten Blick riskanter. Mit einer Knock-Out-Schwelle versehen können diese nämlich das plötzliche Laufzeitende des Scheins bedeuten.

Dennoch: Im Gegensatz zu „normalen" Optionsscheinen spielen Volatilität und Aufgeld eine nur stark untergeordnete Rolle. Somit sorgt ein Volatilitätsabfall nicht gleichzeitig für einen Kursabfall wie beim normalen Optionsschein. Andererseits beraubt sich der Besitzer eines Knock-Out-Scheins der Chance, an einer steigenden Volatilität zu verdienen –, und es schwebt stets das Damoklesschwert „Knock-Out" über dem Produkt.

208.
Was sind überhaupt WAVEs? Und warum heißen sie so?

WAVEs sind schlicht und einfach Knock-Out-Produkte. Mancher Emittent nennt Sie auch Knock-Out-Zertifikate, wobei man über die Verwendung des Begriffs Zertifikat im Zusammenhang mit einem solch riskanten Papier streiten kann. WAVE steht für Warrant Alternative Vehicle – also eine Alternative zu einem „normalen" Optionsschein.

Namensgeber war übrigens Joachim Rohrmann von der Deutschen Bank. Irgendwann fiel ihm beim Nachhauseweg der Begriff ein, und auf dem nächsten internen Meeting präsentierte er stolz seine Idee. Mittlerweile ist nicht nur der Name Rohrmann, sondern auch der Name WAVE in der Derivate-Szene von Bedeutung.

209.
Zertifikate auf Fonds, Fonds auf Zertifikate – es scheint so, als ob alles zusammenwächst und der Anleger gar nicht mehr weiß, was er nun kaufen soll...

Letztlich ist es eine Frage der Verpackung. Es ist nun einmal so, dass viele Investoren historisch bedingt eben immer noch lieber bei einem Fonds zuschlagen, als sich ein bislang noch unbekanntes Zertifikat ins Depot zu legen.

Andererseits ist bekannt, dass Zertifikate in bestimmten Börsensituationen flexibler sind. Also gehen Fondsgesellschaften hin und packen statt Aktien nunmehr schlicht Zertifikate in ihr Fondsdepot. Sie kaufen dann also mehrere Zertifikate über einen Investmentfonds. Umgekehrt können Anleger hier und da auch ein Zertifikat kaufen, das auf einem Aktien- oder Rentenfonds basiert. Letztlich geht es um Gewohnheiten, steuerliche Aspekte, Handelbarkeiten sowie Serviceleistungen und auch um die Frage, aktives versus passives Investieren, nach denen Anleger entscheiden sollten.

Im Zentrum sollte dabei immer die Rendite stehen: Zu viel Diversifikation kann nämlich schnell zu deren Lasten führen.

VI

Service

210.
Wo erhalte ich die vollständigen Zertifikate-Bedingungen?

Im Verkaufsprospekt steht alles was Sie wissen müssen. Es ist allein verbindlich und beim Bundesaufsichtsamt für den Wertpapierhandel (BAWe) hinterlegt. Beim Emittenten können Sie den Verkaufsprospekt zu jedem seiner Produkte erhalten.

Bedenken Sie: Magazine oder Broschüren können Produkte nur grob anreißen, Details oft nicht erklären. Wer es also genau wissen will, muss sich leider durch das Juristendeutsch im Verkaufsprospekt quälen.

211.
Wo finde ich überhaupt einen Verkaufsprospekt eines Derivates?

Sie finden ihn meist auf den Internetseiten der Emittenten, können ihn aber auch telefonisch beim Emittenten anfragen. Jeder Emittent muss diesen Prospekt anbieten. Er ist rechtlich bindend. Darüber hinaus gibt es das so genannte Termsheet. Es ist eine Art Zusammenfassung der wirtschaftlichen Daten.

212.
Welche Publikationen berichten regelmäßig über Derivate?

Alle Emittenten berichten in diversen Publikationen zwar auch allgemein über den Markt, aber natürlich primär über die eigenen Derivate.

Wer von unabhängiger Seite informiert werden will, dem bleiben Wochenmagazine wie *Börse Online, Focus Money, Euro am Sonntag*. Auf monatlicher Basis sind vor allem das *Traders Magazin, Der Fonds, Der Aktionär* sowie *Euro* zu erwähnen. Als Tageszeitung ist die *FAZ, Financial Times Deutschland, Die Welt* und das *Handelsblatt* für Derivateanleger interessant. Natürlich gibt es darüber hinaus zahlreiche Newsletter mit hoher Qualität, die Sie oftmals kostenfrei per E-Mail zugesandt bekommen.

213.
Was ist von den zahlreichen Empfehlungen in diversen Publikationen zu halten?

Das kommt sehr darauf an, aus welcher Perspektive beziehungsweise aus welchem Ansatz heraus die Papiere empfohlen wurden. Wird eine Aktie unter die Lupe genommen, sie zum Kauf empfohlen und auf Basis dessen ein Optionsschein vorgestellt, so mag man der Aktie und somit dem Derivat nun trauen oder nicht. Das gleiche betrifft Berichterstattungen über ganze Branchen oder Regionen.

Der andere Ansatz, bei dem schlicht eine Reihe gleicher Produkte auf deren Qualität in Sachen Preis und Konditionen untersucht werden, ist für Privatanleger interessant. Er gibt ihm ein Gefühl für die Auswahl des passenden Produktes. In solchen Tabellen finden sich daher schon immer mal wieder attraktive Derivate.

VI Service

214.
Welche Informationsmaterialien stellen die Anbieter der Produkte zur Verfügung?

Das reicht von regelmäßigen, teils hochwertigen Magazinen, bis zu aktuellen Newslettern, E-Mail-Services, Broschüren zu allen Produktarten, SMS-Services und selbst DVDs, in denen die Produkte spielerisch erklärt werden. Natürlich sind die Infos nicht neutral; indem Sie sich aber alle spannenden Materialen bankübergreifend zusammensuchen, haben Sie indirekt die Neutralität und Unabhängigkeit, die Sie wünschen.

Wichtig: Die ganzen Serviceleistungen sind kostenlos – ein Gesamtpaket, das sicher einmalig in der ganzen Finanzbranche ist.

215.
Welche Seiten im Internet informieren über das Angebot an Derivaten?

Alle Anbieter haben ihre eigenen Internet-Auftritte. Dort finden Sie über die Suchmasken alle Produkte. Sie können nach Ländern, nach Produkttypen oder nach Basiswerten suchen. Auch über Neuemissionen können Sie sich per E-Mail informieren lassen. Wer emittentenübergreifende Infos benötigt, schaut am besten mal auf die Seite www.onvista.de. Ein Webauftritt, der parallel zur steigenden Beliebtheit von Derivaten wuchs.

Weiterer Tipp: www.finanztreff.de und www.zertifikateweb.de und neuerdings auch die Seite des Nachrichtensenders n-tv. Auch die Börsen in Frankfurt (www.boerse-frankfurt.com) und Stuttgart (www.boerse-stuttgart.de) bieten einen guten Überblick über Produkte sowie Hintergrundinfos.

216.
Wo kann ich mich vor Ort über Derivate informieren?

Vertreter von Börsen, Emittenten und Magazinen sind fast das ganze Jahr über bundesweit und auch in Österreich und der Schweiz unterwegs, um in Seminaren die Produkte auf einfache Art zu erklären. Informieren Sie sich auf den entsprechenden Internetseiten, wann wer wo auftritt. Die Seminare dauern meist zwei bis drei Stunden, sind extrem kostengünstig. Haben Sie keine Scheu: Sie können mit den Experten diskutieren, Erfahrungen austauschen sowie hier und da auch Marktprognosen aufschnappen.

217.
Wo kann ich einen historischen Preis eines Derivates erhalten?

Gehen Sie auf die Seite www.euwax.de oder auch auf www.boerse-frankfurt.com. Unter „historische Emittentenkurse" finden Sie einen Tag später die Kurse aller Derivate vom Vortag. Sie sehen, wann und wie der Emittent welchen Preis gestellt hat. Das hilft Ihnen, Entwicklungen nachzuvollziehen.

218.
Wie häufig sollte ich Kursverläufe beobachten?

Wenn Sie ein spekulatives Produkt im Depot haben – also einen Optionsschein oder gar ein Knock-Out-Produkt – dann sollten Sie mindestens einmal am Tag auf den Kursverlauf achten. An Tagen, an denen es besonders turbulent an der Börse zugeht, sogar am besten mehrmals. Bei den meisten Anlageprodukten reicht es, wenn Sie einmal pro Woche darauf schauen, während kapitalgeschützte Scheine etwa einmal im Monat beim Depotauszug begutachtet werden sollten.

219.
*An wen kann ich mich wenden, wenn ich der Meinung bin,
dass ein Kauf oder Verkauf falsch abgerechnet wurde?*

Je nachdem über welche Plattform Sie als Investor gehandelt haben, gibt es verschiedene Ansprechpartner. Es kann Ihre Depotbank oder die Handelsüberwachung der jeweiligen Börse sein. Der schnellste Weg geht über die Hotline der einzelnen Emittenten, da diese ihre Produkte kennen und den Preis am besten erklären können. Bitte warten Sie auch nicht mehrere Tage, bis Sie einen Preis beanstanden. Je länger Sie warten, umso schwieriger wird es, die ganze Kurshistorie zu prüfen.

220.
*Ab und an rufe ich bei den Hotlines der Banken an,
bekomme dort auch immer viele Produktinformationen.
Aber was ich letztlich kaufen soll, sagen die Mitarbeiter mir nicht...?*

Dürfen sie auch nicht. Das würde in die Anlageberatung eingreifen. Die Mitarbeiter können informieren, welche Produkte ihr Institut anbietet, aber die Entscheidung darüber, was Sie am Ende kaufen, liegt allein bei Ihnen. Sie kann Ihnen schon aus rein rechtlichen Gründen nicht von den Mitarbeitern abgenommen werden.

221.
*An den Hotlines höre ich immer die Ansage, dass das Gespräch
eventuell mitgeschnitten wird.
Was will die Bank mit der „Abhöraktion" erreichen?*

Die Aufzeichnung dient zur Sicherheit für beide Seiten, so dass sowohl der Anleger als auch der Emittent sich im Nachhinein auf die Worte beziehen kann. Somit ist das Band sehr dienlich bei Unstimmigkeiten.

222.
Ich hätte so viele Fragen, ich weiß gar nicht wo ich anfangen soll?

Keine Sorge, nehmen Sie sich Zeit. Dieses Buch wird Ihnen nahezu alle grundsätzlichen Fragen, die Sie zu Derivaten haben, beantworten können.

Zum Autor

Autor Volker U. Meinel, bekannt von zahlreichen Messeauftritten, Seminaren und Fernsehinterviews – unter anderem war er TV-Börsenspielgewinner 1999 – ist bereits seit über zehn Jahren mit dem Thema Derivate aus Sicht des Privatanlegers vertraut.

Der Autor studierte in Köln Publizistik und Volkswirtschaft und finanzierte dies unter anderem durch den Handel mit Optionsscheinen. Nach der Studienzeit ging Meinel zwei Jahre lang zur Schutzvereinigung für Wertpapierbesitz. Es folgten diverse Finanzmagazine, bei denen er als Redakteur, Ressortleiter und Chefredakteur tätig war.

Seit 2001 ist Meinel beim erfolgreichsten Derivatehaus Deutschlands für Marketing und Kommunikation zuständig. Seine über die gesamte Berufslaufbahn zusammengetragenen Fragen gelangen nun in diesem Buch erstmals an die Öffentlichkeit.

Folgende Bücher sind im Handel erhältlich oder können bestellt werden bei:
Fordern Sie unseren kostenlosen und umfangreichen Katalog an!

FinanzBuchVerlag
www.finanzbuchverlag.de

Frundsbergstraße 23
D-80634 München
Telefon: 089/65 12 85-0
Fax: 089 65 20 96
E-Mail: bestellung@finanzbuchverlag.de

DIE NEUE BUCHREIHE

simplified

In Zusammenarbeit mit

Investor Verlag

www.investor-verlag.de

www.simplified.de

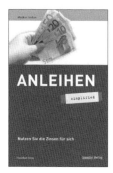

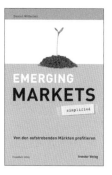

www.simplified.de

»simplified« – aktuell, prägnant, günstig.

Die neue »simplified«-Buchreihe erklärt aktuelle Investmentthemen kompakt und leicht verständlich.

simplified – die neue Buchreihe zu Investmentthemen, die schneller auf den Punkt kommt. Aktuell, prägnant, günstig. Eben simplified. Eine Gemeinschaftsproduktion von Investor Verlag und FinanzBuch Verlag.

Wenn Sie **Interesse** an **unseren Büchern** für z.B.

Ihre Kundenbindungsprojekte als Geschenk haben, fordern Sie unsere attraktiven Sonderkonditionen an.

? Weitere Informationen erhalten Sie bei Stefan Schörner unter 089 / 651285-0

oder schreiben Sie uns per e-mail an: sschoerner@finanzbuchverlag.de